A Família do PASTOR

Pastoreando sua família em meio aos desafios do ministério pastoral

FIEL Editora

BRIAN & CARA CROFT

C941f Croft, Brian
        A família do pastor : pastoreando sua família em meio aos desafios do ministério pastoral / Brian & Cara Croft ; [tradução: Valdir Pereira dos Santos]. – São José dos Campos, SP: Fiel, 2021.

        Tradução de: The pastor's family : shepherding your family through the challenges of pastoral ministry.
        Inclui referências bibliográficas.
        ISBN 9786557230619 (brochura)
             9786557230626 (epub)

        1. Famílias de pastores. I. Croft, Cara. II. Título.

                                                    CDD: 253.22

Catalogação na publicação: Mariana C. de Melo Pedrosa – CRB07/6477

A FAMÍLIA DO PASTOR:
Pastoreando sua Família em Meio aos Desafios do Ministério Pastoral

Traduzido do original em inglês
The Pastor's Family: Shepherding Your Family through the Challenges of Pastoral Ministry

Copyright © 2013 por Brian and Cara Croft

∎

Originalmente publicado
em inglês por
Zondervan,
3900 Sparks Dr. SE, Grand Rapids,
Michigan 49546

Copyright © 2019 Editora Fiel
Primeira edição em português: 2021
Proibida a reprodução deste livro por quaisquer meios sem a permissão escrita dos editores, salvo em breves citações, com indicação da fonte.

∎

Diretor: Tiago J. Santos Filho
Editor-chefe: Tiago J. Santos Filho
Coordenação Editorial: Gisele Lemes
Tradução: Valdir Pereira dos Santos
Revisão: Marilene Paschoal
        e Gabriel Oliveira dos Santos
Capa e Diagramação: Rubner Durais
E-book: Rubner Durais
ISBN Brochura: 978-65-5723-061-9
ISBN Epub: 978-65-5723-062-6:

Caixa Postal 1601
CEP: 12230-971
São José dos Campos, SP
PABX: (12) 3919-9999
www.editorafiel.com.br

Em doce memória de
Jackson e Barbara Boyett
e em dedicação aos
santos fiéis da Igreja Batista de Auburndale.
Obrigado por continuar a nos apoiar e incentivar,
enquanto procuramos cuidar de vocês.

SUMÁRIO

Prefácio de Thabiti e Kristie Anyabwile.............................9

Uma nota de Brian Croft.....................................13

Uma nota de Cara Croft.....................................19

Introdução | O que é um Ministério *Fiel*? {Brian} 25

Parte 1 | O Coração do Pastor: "Não é você – sou eu"

1. O Problema {Brian}..39
2. A Solução {Brian}..63

   Reflexão: Sinais de Graça no Ministério – Jim Savastio 83

Parte 2 | A Esposa do Pastor: "Não me lembro de ter dito: 'Sim, aceito', quanto a essas coisas!"

3. A Luta {Cara}..89
4. Cuidando de sua Esposa {Brian} 127

   Reflexão: Mantendo o seu Casamento Fortalecido – Cathi Johnson .147

Parte 3 | Os Filhos do Pastor: "Papai, você não pode ficar em casa hoje à noite?"

5. Pastoreando Individualmente {Brian}..............153
6. Pastoreando em Conjunto {Brian} 173
7. Pastoreando com Expectativas {Brian} 185

   Reflexão: Pensamentos de um Filho de Pastor 207

Conclusão | Fiel à Família, Frutífero no Ministério {Brian}..211

Posfácio | Confissões de uma Esposa de Pastor {Cara}....217

Apêndice 1 | Minha Luta Contra a Depressão {Cara}......223

Apêndice 2 | Antes de Tornar-me Pastor {Brian}.............231

Agradecimentos 235

Notas..239

PREFÁCIO

Toda família deve ajustar seu estilo de vida com base na profissão dos pais. A família de um padeiro deve ajustar-se com o fato dele ter de sair de casa e estar no trabalho, antes do amanhecer, sovando e preparando a massa para que ela cresça, fazendo massa de torta, coberturas, recheios e biscoitos para os primeiros clientes. A família de um militar das forças armadas deve ajustar-se a sua ausência, quando em missão de serviço, por semanas e meses seguidos. A família de um(a) policial, deve ajustar-se ao impacto emocional que seu ente querido enfrenta, por conviver com o crime tão de perto, dia após dia. Tanto a família do policial quanto a do militar devem aprender a lidar com o fato de ter pais que colocam sua vida em risco, para servir e proteger sua comunidade ou seu país, sem saber se voltarão para casa no final de um turno de trabalho. A família de um(a) médico(a) deve adaptar-se a uma agenda imprevisível, às chamadas de emergência que interrompem o tempo familiar e ao estresse constante que o cônjuge, seja o pai ou a mãe, experimenta ao lidar com doenças e perdas. Um(a) executivo(a) e sua família devem investir muito tempo e planejamento para manter clientes e funcionários satisfeitos, lidar com viagens de negócios e organizar ou participar de jantares.

Há muitos outros exemplos, entre os quais está a família do pastor. No entanto, o pastor e sua família tendem a enfrentar pressões que abrangem várias profissões. Assim como o padeiro, de madrugada ele sova o seu próprio coração, com oração e com a Palavra de Deus, preparando-se para servir a igreja. Assim como o militar e o policial, ele muitas vezes coloca seu bem-estar em risco para servir e proteger outros, e geralmente sem poder dar detalhes sobre a dor e o sofrimento que presencia de forma regular. Assim como o médico, seu horário é imprevisível, e as chamadas de emergência devem ser atendidas, mesmo tarde da noite. Assim também como acontece com um executivo, as reuniões e atividades da igreja se transformam em horas longas e cansativas. Assim como a vida de tantos outros, a do pastor é uma vida cheia, ocupada e cansativa.

Dois pastores veteranos retrataram bem essa pressão:

> O pastor atua sozinho, diferente do político, do assistente social, do empresário, do engenheiro,

do médico e do jurista. Todos esses lidam com um segmento, um segmento significativo do empreendimento humano; mas o pastor, estando sozinho, dá um passo atrás, examina tudo na perspectiva de Deus e tenta dar sentido, propósito e direcionamento. E ele assim o faz sem o poder físico ou autoridade civil. O pastor tem apenas o poder do exemplo, o poder da confiança, o poder do respeito e o poder do amor de Deus, derramado em Jesus Cristo.[1]

Quem leva a sério o ministério pastoral sabe o quanto pesa a responsabilidade espiritual e a prestação de contas que o pastor suporta, diante de Deus, pelas almas daqueles que lhe foram confiados. Essa perspectiva e esse peso tornam singular o trabalho do pastor. Ele sente as múltiplas expectativas de sua igreja, de sua própria família e da comunidade como um todo, bem como as exigências pessoais que ele mesmo se impõe. O pastor precisa de muita ajuda para pensar claramente sobre sua vida, prioridades e seu bem-estar.

É aqui que Brian e Cara Croft nos prestam auxílio. O pastor e sua família precisam de um livro como este, um tipo de manual de campo, que fala das várias demandas e expectativas que ele enfrenta e que oferece orientação centrada no evangelho e focada na família. Este livro investiga o coração de cada membro da família do pastor e oferece conselhos úteis para pastorear cada um de acordo com a Palavra de Deus, a fim de que todos da família possam servir juntos, com alegria, na obra do ministério.

Prepare-se para aprender, ao embarcar neste *tour* transparente, rico em ensinos e escrito em tom informal, sobre os desafios que os pastores e sua família enfrentam no ministério cristão. Estamos felizes por recomendar não apenas o livro, mas também Brian e Cara por serem modelos de muitas coisas aqui recomendadas. Eles não têm sido apenas amigos, mas também exemplos nesta área vital de nossa vida – o pastor e sua família.

Thabiti and Kristie Anyabwile
Dezembro de 2012

UMA NOTA DE BRIAN CROFT

Mais um livro sobre família?

Esta pode ter sido a sua reação quando viu este livro pela primeira vez. É justo. Eu concordo. O mercado foi recentemente inundado com um foco renovado na família. Vários livros excelentes, e alguns nem tanto, apareceram nos últimos anos. Então, por que aumentar a febre com mais um livro?

Creio que o objetivo deste livro seja único, por atender a um propósito especial, que a maioria dos livros sobre família não atende. É um livro único, porque se trata de um tipo único de família – a família do *pastor*. Este é um livro escrito para homens que responderam ao chamado para servir a igreja de Deus como pregadores, professores, líderes e pastores. E foi escrito para abordar um problema único que esses líderes da igreja enfrentam: Como servir fielmente a igreja, enquanto serve a sua família? Como você equilibra as demandas do ministério com as demandas de ser pai e marido? Como você prioriza o seu tempo entre pregar a Palavra, fazer discípulos e amar sua esposa e filhos?

O ministério pastoral nunca foi tão desafiador como hoje, com sobrecarga e expectativas que muitos pastores não experimentaram nas gerações passadas. Muitos aspirantes ao pastorado começam no ministério com grande zelo pela obra que Deus os chamou a fazer, mas as difíceis demandas e pressões do ministério os sobrecarregam e eles logo se abatem e definham, restando-lhes uma fé abalada e uma família desolada. Este livro foi escrito para que o pastor atente à prioridade de pastorear sua família, enquanto serve fielmente à igreja. Confiamos que é possível fazer as duas coisas ao mesmo tempo. Aqui nós procuramos identificar os desafios únicos do ministério pastoral, diagnosticando as causas que levam à tensão entre a família e a igreja, e propomos soluções bíblicas. Porém, antes de abordarmos tudo isso, deixe-me dar um contexto para os conselhos compartilhados nas páginas seguintes.

Primeiro, saiba que *não* sou especialista neste assunto. Eu sou um marido, sim, e sou pai e pastor. Cometo falhas regularmente em cada uma dessas funções. Se você pegou este livro na esperança de que eu tenha todas as soluções para as lutas em sua vida e ministério, ficará desapontado. Escrevo aqui não como especialista, mas simplesmente como marido, pai e pastor que tem um profundo desejo de aprender fielmente, pela graça de Deus, sobre cada uma dessas áreas. As sugestões que ofereço são meramente isso: sugestões para servir como um modelo (um *template*), para você aplicar no contexto específico de sua família e ministério. Talvez Deus use minhas falhas e as lições que aprendi para abençoar outros. Estou confiante de que tanto as falhas quanto o que aprendi serão recebidos por aqueles que lerem estas palavras, cientes de que sou um pecador salvo pela graça de Deus; alguém que ainda está nas trincheiras, lutando por alegria e fidelidade na família e no ministério.

Segundo, este trabalho não tem a intenção de criar uma mentalidade de "nós contra ela", ou seja, entre a família do pastor e a igreja local. Embora esta seja a tensão que muitos pastores enfrentam – a competição entre as responsabilidades da família e as exigências da igreja – não acredito que esta seja uma tensão necessária. Minha família e eu passamos alguns anos difíceis, quando chegamos à igreja onde eu sirvo agora. Estávamos chegando em uma igreja com dificuldades e em declínio, e eu cometi muitos erros próprios de "novatos". Aqueles primeiros anos foram um período de luta, mas também um tempo de aprender muitas das lições dolorosas sobre as quais escrevo neste livro.

Compartilho essas experiências, não para reforçar uma percepção negativa da igreja local, mas para mostrar que é necessário lutar contra essa tensão e alcançar um equilíbrio saudável. Acredito que os pastores devem amar as suas igrejas e as pessoas a quem servem, independentemente dos desafios do ministério. Nossa família ama profundamente a nossa igreja, onde temos servido há mais de uma década. Mas nós a amamos ainda mais hoje, porque crescemos e amadurecemos através das lutas que compartilhamos neste livro.

Terceiro, o conteúdo deste livro não se destina a incentivar alguém a buscar um posto ministerial "fácil". Visto que as igrejas locais treinam homens para o ministério, elas não devem se limitar a identificar aqueles que são chamados; precisam treiná-los e prepará-los a ir a lugares difíceis, onde outros não irão. Devemos formar pastores que se estabeleçam e que persistam em igrejas locais disfuncionais. Nosso objetivo deve ser o de preparar missionários que se sacrifiquem e levem o evangelho a lugares não alcançados, onde a perseguição é quase certa. Embora este livro alerte os ministros do evangelho a que priorizem e se sacrifiquem pelo bem de sua família, não deve ser tomado como um endosso da noção de que podemos evitar as dificuldades envolvidas no sacrifício do ministério. O ministério é difícil. O sacrifício é *sempre* necessário. Este livro destina-se a equipar os pastores para pastorearem a sua família nas dificuldades e sofrimentos que encontrarão no ministério, e não a tentar evitá-los.

Se você é chamado e capacitado para o ministério, não deve evitar a busca com zelo do seu chamado, com a intenção de poupar sua família dos desafios do ministério. Certa vez ouvi falar de um jovem que era muito capacitado para o ministério pastoral. Ele amava profundamente a sua família, e foram-lhe oferecidas várias oportunidades ministeriais. Depois de examinar cada uma das ofertas, ele recusou todas, citando a mesma preocupação em cada caso: "Não posso levar minha família para lá". Ele simplesmente acabou não indo a lugar algum. Meu desejo é que este livro desperte o coração dos pastores, missionários e homens cristãos para a gloriosa responsabilidade de pastorear sua família; mas, ao mesmo tempo, tentei equilibrar essa responsabilidade e a tendência pecaminosa de idolatrar a família, algo que é tão pecaminoso, prejudicial e desonroso diante de Deus quanto a negligência.

Agora, uma palavra final sobre minha companheira de redação desta obra. Uma das melhores maneiras de ler este livro é juntos, como marido e mulher. Ao longo do livro, minha esposa compartilhou suas ideias e perspectivas inestimáveis sobre as alegrias, lutas e realidades de ser mãe e esposa na família de um pastor. Espero que você aprenda com a sabedoria e a consideração dela, como sou abençoado por recebê-las diariamente!

Creio que o pastor e sua esposa serão capazes de interagir com este livro, como temos feito durante o processo da escrita. Em outras palavras, espere que aconteçam interrupções graciosas e acréscimos inspiradores sobre a vida familiar e ministerial.

Espero que apreciem as interações amigáveis e espirituosas e possam se identificar com nossos sucessos e fracassos. Acima de tudo, espero que percebam que o verdadeiro sucesso, gozo, fidelidade e longevidade, no ministério de qualquer pastor, começam e terminam no mesmo lugar – com a sua vida em família.

Brian Croft
Louisville, Kentucky
Agosto de 2012

UMA NOTA DE CARA CROFT

Recentemente, visitou a nossa igreja um novo casal que havia se mudado para a cidade, para que o marido pudesse frequentar o seminário. Enquanto eu e a esposa dele conversávamos sobre a mudança, a família e a vida de ministério, ela me fez uma pergunta: "O ministério é mais fácil ou mais difícil do que você esperava?" Foi uma ótima pergunta. E um desafio para responder. Pensei por um momento e respondi com sinceridade: "É mais gratificante do que eu esperava".

A verdade é que a vida no ministério tem sido ao mesmo tempo mais difícil e mais fácil do que prevíamos que seria. A vida ministerial é difícil, não há dúvida sobre isso. As pressões enfrentadas pela família de um pastor são diferentes das pressões enfrentadas por aqueles em outras ocupações. Mas esse chamado também vem acompanhado de alegrias únicas. Certa vez ouvi alguém descrever as alegrias do ministério pastoral, dizendo que ocupamos lugar na primeira fila dos que presenciam o que Deus está fazendo, e entendo que isso é verdadeiro. É difícil caminhar com um casal em meio a problemas conjugais, ver o sofrimento e a dor nessas vidas e o efeito que isso causa em seus filhos. No entanto, nos alegramos com eles quando Deus cura o casamento e restaura o amor e a confiança um no outro. Choramos com a mulher que sofre um aborto espontâneo e, depois, com alegria comemoramos quando, anos depois, ela segura seu primogênito. Andar com as pessoas em suas lutas e perdas é algo difícil, mas isto nos oferece inúmeras oportunidades para experimentarmos, em primeira mão, a alegria de ver as respostas de Deus às orações.

Eu teria escolhido esse caminho para minha família? Minha resposta honesta é não. Eu nunca teria escolhido estar nessa posição. De fato, quando meu marido me contou sobre seu desejo de ser pastor, eu relutei contra isso. De maneira nenhuma eu seria esposa de um pastor! No entanto, sou grata por Deus saber melhor do que eu aquilo que preciso. Eu teria perdido muito, se Deus tivesse me deixado à minha própria sabedoria – simplesmente fazendo o que eu quisesse. A verdade é que sou muito grata por nossa vida como família de pastor. Sou muito grata por meu marido e por nossa igreja. Meus filhos a amam. Nenhum outro grupo de cristãos é tão querido para mim quanto as pessoas da nossa igreja. E não há outro lugar em que preferiríamos estar, e nenhum outro grupo de pessoas que preferiríamos servir. Experimentar esse profundo senso de amor por esse ministério e por nossa igreja tem sido um processo, um trabalho que Deus tem realizado em minha vida ao longo dos anos.

Eu me envolvi em escrever este livro por várias razões. Antes de tudo, porque meu marido me pediu, e eu acho difícil dizer não a ele. Depois, porque tenho aprendido muitas coisas, como mulher, esposa e mãe, que oferecem uma perspectiva diferente da dele como homem, marido e pai. Somos diferentes, mas nossas experiências e ideias se complementam conforme escrevemos, a partir de nossas convicções comuns sobre o evangelho e o que as Escrituras ensinam. Nós empreendemos juntos essa jornada no caminho do ministério, então nos pareceu adequado escrevermos juntos este livro.

Além de ler um capítulo inteiro sobre as lutas e alegrias de ser esposa de pastor (capítulo 3), você encontrará minhas várias "interrupções" espalhadas pelas páginas deste livro. A intenção é que sejam interrupções graciosas, oferecidas com respeito e amor para complementar o que Brian está dizendo, segundo minha perspectiva pessoal. Faço isso quando conversamos na vida real? Sim. Como estamos nos comunicando por meio da escrita e não conversando diretamente com você, pode ser difícil imaginar o tom que eu uso, mas deixe-me garantir que eu respeito e admiro muito meu marido como líder de nossa casa – e como meu próprio pastor!

Você pode estar se perguntando quem eu sou. Brian e eu estamos casados há mais de dezesseis anos. Eu faço "homeschool" (educação domiciliar) com meus quatro filhos maravilhosos – um filho e três filhas (acho que ele precisa de muita oração!). Sou filha e nora de pais cristãos comprometidos e tementes a Deus. Sou motorista que passa horas, todos os dias, levando e trazendo minhas crianças para seus diversos esportes e atividades. Sou fotógrafa amadora, quando tenho tempo. Sou amiga às vezes impetuosa e com opiniões fortes, mas sempre compartilho meus pensamentos de maneira respeitosa. Sou uma ouvinte, um ombro para alguém chorar. E sim, também sou esposa de pastor. Não sou do tipo que faz pães, que canta no coral e toca piano, como o tipo de mulher de pastor que talvez você imagina, mas, mesmo assim, sou a esposa de meu marido, Brian, que é pastor de nossa igreja.

Por mais chocante que seja, também tenho muitas falhas. Basta perguntar aos meus filhos! Estou certa de que eles podem lhes informar sobre todas elas. Aceito que sou uma mulher falha, imperfeita e pecadora, mas sei que tudo isso é coberto pelo sangue santificador de Jesus. Eu confio diariamente na graça de Deus para obter sabedoria, força e coragem para enfrentar o que quer que aconteça. Embora eu queira, não tenho todas as respostas. Dou conselhos falhos, apesar de que às vezes ainda sejam bons e úteis às pessoas. É importante reconhecer que cada situação do ministério é única, assim também como cada casamento e família! Alguns dos princípios que compartilhamos serão aplicados a todos os leitores, mas muitas questões específicas se aplicam de formas diferentes de pessoa para pessoa. Não tente fazer seu casamento e seu ministério ser como o nosso. Em vez disso, esperamos que você possa aprender com nossos erros e falhas, e também com a sabedoria que compartilhamos, aplicando-as ao seu contexto exclusivo de vida.

Como meu marido disse em sua nota, o ministério é difícil. O sacrifício é sempre necessário. E eu acrescentaria um pensamento final a isso: As recompensas são eternas! Oro para que este livro os encoraje, estimulando-os a um amor maior por sua família e sua igreja. Oro para que você e seu cônjuge tenham conversas significativas e intencionais sobre seu casamento e sua família. Oro para que você persevere nesta jornada que estamos seguindo e que nos esforçamos para terminar como vencedores. E, acima de tudo, oro para que a sua leitura deste livro glorifique a Deus e faça com que você confie ainda mais em sua graça ilimitada e surpreendente.

Cara Croft
Louisville, Kentucky
Agosto de 2012

INTRODUÇÃO

O QUE É UM MINISTÉRIO FIEL?

{BRIAN}

Uma das formas mais significativas de encorajamento para a minha caminhada cristã é ler biografias cristãs. Encontramos exemplos de graça e força divinas nas histórias de mulheres e homens heroicos, que sacrificaram muito para assimilar o chamado de Jesus a negar a si mesmos, tomar sua cruz e segui-lo (Marcos 8.34). Procuramos imitar aqueles que, ao longo dos séculos, motivados pelo cuidado com as almas, serviram em igrejas hostis, viajaram milhares de quilômetros por terrenos perigosos para pregar o evangelho àqueles que nunca o ouviram e trabalharam incansavelmente para traduzir a Palavra de Deus para algum idioma, em meio a ameaças constantes contra a vida deles; ou que até deram a própria vida por causa de Cristo.

Sem dúvida que, aos nossos olhos, a medida de grandeza no reino de Deus é estabelecida por esses gigantes da fé. A vida de pastores como Jonathan Edwards, John Bunyan, Charles Spurgeon e Richard Baxter; evangelistas como George Whitefield e John Wesley; missionários como William Carey, John Paton e Adoniram Judson; Reformadores como João Calvino e Martinho Lutero; e teólogos como Agostinho, John Owen e B. B. Warfield aumentam nosso desejo de fazer algo grandioso pela causa de Cristo e também de sermos achados fiéis, ao final, por nosso Redentor. No entanto, o que significa ser fiel até o fim? O que é a verdadeira grandeza aos olhos de nosso Salvador e Rei?

Quando avaliamos o ministério passado ou presente de alguém, temos a tendência de avaliar a grandeza do evangelista com base em quantas pessoas foram convertidas em seu ministério. Nós reconhecemos como teólogos aqueles que exerceram maior impacto na história e na igreja, com base na sabedoria de seus escritos e no quanto eles publicaram. Nós celebramos e destacamos os missionários com relatos de sofrimentos, conversões e igrejas plantadas. Nós idolatramos pastores que pregaram para as massas ou escreveram livros notáveis ou memoráveis. Em outras palavras, acabamos definindo grandeza da mesma forma que o mundo – pela grandiosidade, *glamour* e amplitude do impacto que um indivíduo exerceu em sua vida e ministério.

No entanto, as definições bíblicas de grandeza e fidelidade parecem ser bem diferentes. O exemplo clássico desse paradoxo sobre ser grande, segundo a visão do mundo e a visão piedosa, pode ser visto na resposta de Jesus a seus discípulos, quando discutiam sobre quem seria o maior no reino de Deus (Marcos 9.33-37; 10.35-40). Jesus abalou a compreensão dos discípulos sobre esse conceito, ao dizer: "Quem quiser se tornar grande entre vós deve ser seu servo" (Marcos 10.43). Pense nisso. O que um servo faz? Não há nada glamouroso em ser um servo. Raramente veremos no trabalho de um servo uma influência que mude o mundo ou cause um grande impacto. De fato, os servos fazem aquilo que chamamos de "trabalho aborrecedor". Eles fazem o serviço que ninguém mais quer fazer e, geralmente, trabalham sem serem notados por ninguém.

Ao relacionarmos isto com vários textos bíblicos semelhantes, surge uma questão: e se Deus avaliar o sucesso ou o fracasso de um ministério de maneira diferente da nossa? E se Deus medir a fidelidade de um evangelista, não com base na quantidade de conversões em seu ministério, mas em seu compromisso diário de andar com Deus? E se Deus estabelecer a grandeza de um missionário, não com base nos efeitos globais de seu ministério, mas em sua busca incansável pela piedade e por sua batalha contra o pecado e o Inimigo? E se Deus avaliar a fidelidade e a grandeza de um pastor, não apenas pelo sucesso de seu ministério na igreja local, mas por seu cuidado em pastorear a sua própria família – sua esposa e filhos?

Para muitos pastores e líderes, o cuidado com a família parece se enquadrar nessa categoria de trabalho comum e aborrecedor, realizado por um servo, e que acaba passando praticamente despercebido quando se avalia a grandeza de nossos heróis do passado. Se você duvida que isso seja verdade, observe o quanto você sabe sobre a vida familiar desses homens célebres, em comparação ao conteúdo de seus ensinos ou ao impacto de seus ministérios. Quando comecei a pesquisar para este livro, conversei com alguns historiadores conhecidos da igreja, e todos me disseram a mesma coisa quando perguntei sobre vários líderes notáveis do passado: "Simplesmente não há muita coisa disponível sobre a família deles". Então, acabamos assumindo que o processo para determinar se alguém é "grande e fiel" no ministério não depende, normalmente, de que esses homens tenham sido fiéis em amar sua esposa e em pastorear seus filhos.

O exemplo clássico é encontrado no contraste entre o ministério do evangelista e pastor do século 18, John Wesley, e seu casamento. Wesley é reconhecido pela forma como Deus o usou para promover a conversão de muitas pessoas em todo o Reino Unido e na América. Ele iniciou o amplo movimento metodista que ainda está ativo hoje. No entanto, Wesley não se acanhava de comentar seu ponto de vista sobre o casamento. Ele escreveu estas palavras em um diário, em 19 de março de 1751: "Não consigo entender como um pregador metodista pode dizer a Deus que pregará um sermão a menos ou que retornará de viagem um dia antes, devido ao seu estado civil de casado e não de solteiro. Quanto a isto, 'o que resta é que aquele que tem esposa, viva como se não a tivesse'".[2]

Wesley escreveu esse comentário apenas um mês depois de seu casamento e, infelizmente, seu "desdém" pelo casamento não pareceu diminuir nos anos seguintes. Anos depois, Wesley escreveu a um jovem pregador que estava prestes a se casar, para que ele desencorajasse os esforços de sua futura noiva, caso ela tentasse impedi-lo de viajar para pregar.[3] A filosofia do casamento de Wesley provou ter as implicações esperadas. O relacionamento dele com a esposa foi conturbado durante a maior parte da vida deles, o que a levou a se esforçar para sabotar sua reputação e ministério em inúmeras ocasiões. Com base no pouco que sabemos sobre Molly, a esposa de Wesley, ela não parece ser aquela pessoa espiritualmente mais saudável, calorosa e graciosa. Não obstante, o tratamento dado a ela por John Wesley durante todo o casamento, e o que parece ser um completo desrespeito de sua parte aos mandatos bíblicos de cuidar de sua esposa, deveriam tê-lo arruinado, sua reputação e legado. No entanto, para a maioria dos frequentadores das igrejas metodistas hoje em dia, o casamento horrível de Wesley é geralmente ignorado.⁴

Para não assumirmos que o entendimento de Wesley era simplesmente um produto de sua teologia, devemos observar que um de seus contemporâneos também lutou com o casamento. Embora John Wesley e George Whitefield discutissem entre si sobre as doutrinas do calvinismo, eles compartilhavam um ponto comum na visão do casamento e seu propósito na vida e ministérios deles. George Whitefield postergou o casamento por muitos anos, porque não queria que isso atrapalhasse o seu ministério de pregação altamente exigente por todo o mundo. Quando ele finalmente se casou, foi com o entendimento de que seu casamento com Elizabeth James "não iria prejudicar seu ministério, em absoluto".⁵ É claro que qualquer homem casado sabe que esse sentimento não é uma expectativa realista sobre a qual se pode construir uma base sólida para o amor e o respeito. E, de fato, essa falsa suposição resultou em mais decepções e reforçou sua visão de que o casamento era um obstáculo incômodo ao ministério. Arnold Dallimore, biógrafo de Whitefield, escreveu:

> Whitefield manifestou ser impossível realizar sua determinação de não deixar seu casamento afetar mesmo que superficialmente o seu ministério. Por

mais que tentasse, não pôde evitar ocasiões em que o casamento exigiu uma revisão de seus planos e o impediu de cumprir um pretendido cronograma de pregação. Isso o levou a achar necessário dizer, por uma ou duas vezes: "Casei-me com uma esposa e, portanto, não posso ir". Ele ficou desapontado e, embora considerasse o casamento uma grande ajuda, também o considerou como um obstáculo.[6]

A visão de casamento de Whitefield não causou o mesmo grau de destruição em sua vida que na de Wesley; no entanto, o resultado também era uma esposa muito infeliz e decepcionada, que em grande parte não se sentia cuidada pelo marido.[7]

Os missionários também lutaram com os desafios do ministério e do casamento, muitas vezes dando uma justificativa teológica para a decisão de priorizar o evangelismo e o ministério, em detrimento do cuidado por sua família. William Carey, que recebeu o nobre título de "Pai das Missões Modernas", quase abandonou sua esposa Dorothy, que estava grávida, e seus filhos, para assumir o trabalho missionário na Índia. A esposa de Carey acabou por concordar em partir com ele, mas a falta de cuidado dele para com ela e os rigores da vida missionária a levaram a experimentar depressão, problemas psicológicos e depois a insanidade. O biógrafo Doreen Moore dá os detalhes:

Tudo teve início com uma viagem marítima de cinco meses, onde ela passou enjoada a maior parte do tempo. Quando chegaram a Calcutá, suas reservas inadequadas foram rapidamente esgotadas, forçando sua família a morar em um local degradado, nos arredores de Calcutá. Pior ainda, os outros missionários viviam com certa abundância em Calcutá. Sua esposa reclamava por terem que "viver sem muito... do que era o necessário básico à vida; e, em particular, sem pão". Dorothy também foi afligida pela disenteria, tendo o filho mais velho quase morrido pela mesma causa. Mais tarde, Carey se mudou com sua esposa, bebê e três filhos com menos de dez anos, para uma região inóspita e infestada de malária, onde também havia abundância de jacarés, tigres e enormes cobras venenosas. Logo depois se mudaram para Mudnabatti, onde Dorothy ficou doente outra vez. Pior ainda, seu filho de cinco anos, Peter, morreu. Após essa perda devastadora, a saúde mental de Dorothy declinou. Ela nunca se recuperou, e se deteriorou a tal ponto que foi descrita como "totalmente perturbada". William Carey acreditava que "a causa de Cristo" tinha prioridade sobre sua família.[8]

O objetivo de compartilharmos esses exemplos do passado não é o de criticar as decisões e escolhas particulares que esses homens fizeram. Queremos simplesmente salientar que a tentação de priorizar o ministério acima da família não é coisa nova. Aqueles são homens que consideramos como grandes e fiéis obreiros na causa de Cristo, mas o casamento e família deles foram sacrificados – por razões nobres – no altar de seus ministérios. Seus aparentes fracassos como maridos e pais não devem nos levar a desprezar tudo o que o Senhor fez através desses homens. Deus usa homens e mulheres imperfeitos e pecaminosos para realizar seus propósitos soberanos para sua glória, e ele tem feito isso ao longo da história e continua a fazê-lo hoje. Ainda assim, esses exemplos apontam para o fato de que a tentação de elevarmos as questões do ministério acima dos compromissos familiares é um problema persistente, e é algo facilmente ignorado na cultura atual da igreja. Temos a tendência de ignorar os exemplos de fracassos desses homens, no que diz respeito às suas responsabilidades como maridos e pais, simplesmente porque eles fizeram "grandes coisas" para Deus. É muito fácil cometermos o mesmo erro em nossas próprias igrejas e com nossa própria família.

Minha intenção não é desenterrar erros do passado. Antes, é sugerir que a tentação de negligenciar a família, que um pastor ou líder da igreja enfrenta, por causa de um ministério maior e mais frutífero, não é novidade. Qualquer pastor, missionário ou evangelista que arde com paixão para fazer grandes coisas por Deus sentirá essa tensão. É sintomática da desconexão cultural entre nosso sucesso público no ministério e nossa vida familiar mais privada. E, infelizmente, essa desconexão está enraizada em algo ainda mais profundo do que na cultura da igreja contemporânea. Precisamos examinar mais de perto o relacionamento entre o ministério de um pastor e sua família, até chegar na raiz da causa pela qual os líderes da igreja são tentados a sacrificar sua esposa e filhos no altar do ministério. O problema precisa ser diagnosticado, antes que possamos determinar a solução. É exatamente isso que abordaremos no capítulo 1. Quando a verdadeira raiz do problema for identificada, procuraremos no capítulo 2 uma solução bíblica, que se baseie no poder do evangelho e nos mandatos claros das Escrituras, para os maridos e pais cristãos, especialmente para aqueles que são pastores.

No restante do livro, examinaremos os desafios específicos e únicos que todo pastor, sua esposa e seus filhos certamente enfrentarão. Falaremos sobre várias estratégias claras e práticas para um homem pastorear sua família em meio a esses desafios (capítulos 3 a 6). Nossa esperança é que essas sugestões o ajudem a evitar os arrependimentos que inevitavelmente surgem, quando você negligencia sua família durante as fases difíceis do ministério (capítulo 7). E, para que você não pense que eu critiquei levianamente alguns dos heróis mais célebres da igreja, mencionarei vários outros homens do passado que tiveram um impacto igualmente monumental no mundo, pela causa de Cristo, mas que, ainda assim, o fizeram com uma fidelidade inspiradora de amor à esposa e pastoreio dos filhos.

Antes de abordarmos as estratégias práticas de um ministério fiel, devemos primeiro atacar o problema. Por que tantos pastores têm tanta dificuldade de equilibrar o chamado para pastorear fielmente a igreja com o chamado a cuidar de maneira responsável e amorosa de sua esposa e filhos? Por que isso é tão difícil? Consideraremos essas perguntas no próximo capítulo, quando examinarmos mais de perto o coração do pastor. O que há no coração daqueles que são chamados para pastorear o povo de Deus?

PARTE UM
O CORAÇÃO DO PASTOR

"Não é você – sou eu."

CAPÍTULO 1
O PROBLEMA

{BRIAN}

No início de meu ministério como pastor, descobri que os problemas mais visíveis costumam receber mais atenção. Em outras palavras, "a roda que range recebe graxa". Embora esse ditado popular inglês se referisse originalmente à manutenção regular de um trator ou carro, certamente é verdade quando se trata do ministério pastoral em uma igreja local. A realidade cotidiana do ministério pastoral geralmente significa que um pastor deve atender às necessidades imediatas e prementes de sua congregação. Para a maioria dos pastores, sua agenda é determinada pelo foco nos problemas mais óbvios. As coisas que parecem mais problemáticas são as que mais chamam a sua atenção.

Não tentarei negar nada disso. Sejamos honestos, desde agora – o pastor precisa priorizar as necessidades mais imediatas em sua igreja. Admito que é assim que muitas vezes determino o que vou fazer em um certo dia. Se eu tiver de escolher entre o discipulado semanal com um jovem na igreja que está lutando contra a solidão e uma visita a uma senhora idosa que está morrendo de câncer, certamente que irei ao hospital. Embora as escolhas nem sempre sejam tão óbvias assim, situações como essas parecem definir grande parte da pressão que um pastor sente todos os dias. O pastor sabe que precisa se encontrar com aquele jovem; ele precisa fazer investimentos de longo prazo, que darão frutos ao longo do tempo, mas também sabe que há uma mulher que está morrendo e que precisa dele. As demandas para quem pastoreia são sempre maiores do que ele pode fazer. Isso tende a criar alguns padrões de procedimento, nos quais "as rodas que rangem" do ministério são as que primeiro "recebem a graxa", por assim dizer, enquanto que outras áreas de responsabilidade, também importantes, são menos atendidas.

Frequentemente, a família do pastor é a roda que menos range. E por que é assim? A maioria das esposas de pastores conhece perfeitamente as demandas do ministério. Mais do que qualquer outro membro da igreja, a esposa do pastor sabe o quanto seu marido trabalha para cuidar do rebanho. E porque ela quer apoiar e incentivar o marido, ela é gentil, não querendo aumentar as pressões que já existem. Em meio a essas demandas, pressões e expectativas, a família do pastor pode ser facilmente sufocada. E ele pode nem estar ciente de que isso está acontecendo, pelo menos a princípio.

Há muitas demandas que disputam o tempo do pastor, e a maior parte delas é legítima. No entanto, a verdadeira causa da negligência está enraizada em algo mais profundo do que apenas demandas que concorrem por seu tempo e atenção. O problema é algo inato à nossa natureza, algo que não desaparece com um melhor planejamento e uma delegação mais deliberada das responsabilidades pastorais. Organizar-se não resolverá isso. Aprender a gerenciar seu tempo não vai resolver isso.

Antes de abordarmos a raiz do problema, examinaremos as demandas que normalmente prendem a consciência de um pastor. Quais são as demandas concorrentes enfrentadas pelos pastores? O que as torna tão atrativas? Tão tentadoras?

AS DEMANDAS DA APROVAÇÃO

Todos querem ser apreciados. Os pastores não são diferentes quanto a isso, especialmente quando se trata de pessoas das quais foram encarregados de cuidar, orar e ministrar, pessoas pelas quais eles devem prestar contas (Hebreus 13.17). Mas o que acontece quando um pastor descobre que aqueles de quem ele busca aprovação, ou seja, as pessoas que ele pastoreia, não lhe dão tal aprovação? Ele tende a seguir seu desejo inato de ser amado e aceito. Lembro-me de como isso funcionava quando eu estava no ensino médio. Eu tinha um grupo de amigos e queria desesperadamente ser aceito por eles, então me esforcei para ganhar o favor deles. Comecei a fazer coisas que eu sabia que me fariam ganhar sua aprovação, tanto por seguir suas sugestões quanto por fazer o que eles queriam que eu fizesse. Ao proceder assim, eu era frequentemente tentado a comprometer minhas próprias convicções. Na maioria das vezes, eu estava mais interessado em ser amado do que em fazer o que era certo.

Infelizmente, a minha busca patética de aceitação no ensino médio não difere muito da aceitação que o pastor espera receber do seu rebanho, o grupo de pessoas que ele serve com o seu trabalho. Para muitos pastores, todo o seu sustento – sua renda e posição que ocupa na comunidade – está sob o controle de seus congregantes. Mesmo quando não é esse o caso, o pastor geralmente vive para atender às necessidades das pessoas a quem ele serve. Muitos de seus sacrifícios são feitos em favor deles. Estou ciente dessa demanda em minha própria vida e, com frequência, sinto-me pressionado a fazer algo que não quero necessariamente fazer, algo que alguém da igreja quer que eu faça. Um pastor que subestima a força da aprovação exercida por seu rebanho, também não enxergará a facilidade com que essa demanda por aprovação pode levar a uma obsessão inútil e insatisfatória.

{CARA}

Eu era um pouco diferente de Brian quando estava no ensino médio. Embora também sentisse a pressão de me encaixar, em vez de tentar mudar o meu jeito para me adaptar eu acabava me rebelando contra essa pressão, ao invés de me acomodar a ela. Recusei-me a mudar e tinha a tendência de me afastar daqueles que me pressionavam a mudar. Eu ainda queria a aprovação de meus amigos, mas queria que eles me aceitassem como eu era. Esse tipo de reação é igualmente pecaminoso, porque leva a um foco prejudicial em nós mesmos. Isto nos faz voltar para o nosso interior e nutrir ressentimentos e amargura, em vez de nos abrirmos para outras pessoas. Esse tipo de reação reflete um coração egoísta – "nós agimos em nosso próprio interesse", como se diz por aí. Às vezes, ficamos tão preocupados com o que os outros podem dizer ou pensar de nós que ficamos paralisados de medo. Em vez de arriscar mudar, não fazemos nada. Desejar a aprovação de outras pessoas está no centro do problema – mesmo que não respondamos com uma mudança do que somos, para agradar outros.

AS DEMANDAS DA APARÊNCIA

Já foi dito que "a percepção é a realidade". Quer gostemos ou não, a percepção direciona muito do que um pastor faz. Isso pode ter um efeito positivo, quanto a estarmos conscientes de que outras pessoas estão nos observando e que, portanto, o exemplo que damos deve nos levar a preocupar-nos com nossa santidade pessoal e nos ajudar a evitar situações que possam comprometer nossa integridade. Ao levar a sério a verdade de que a percepção é importante e que outras pessoas o estão assistindo, isto pode incentivar o pastor a ser diligente com o chamado para administrar bem a sua casa (1 Timóteo 3.4). No entanto, também existe o perigo de se preocupar demais com as aparências, especialmente se isso levar a um clima que endureça a confissão sincera do pecado, a necessidade de prestação de contas e o senso de carecer de ajuda. Como a família do pastor está sob um escrutínio da igreja, e tão de perto, pode ser tentador que ele se preocupe mais com o modo como sua família é vista por outros do que realmente em cuidar de sua família. Certamente, a maneira como um pastor administra sua família é importante. De fato, esse cuidado é uma qualificação bíblica de confirmação de seu chamado (1 Timóteo 3.2,4,5). Porém, um foco exagerado nessa percepção, que o leve a se preocupar *demais* com o que os outros pensam, direciona-o a procurar uma solução rápida ou a encobrir procedimentos não saudáveis e outros problemas, em vez de lidar honestamente com os pecados que ele comete e os desafios que enfrenta na vida familiar.

Por exemplo, quando os problemas do casamento vêm à tona, o pastor e a esposa podem tentar fazer uma cara feliz e fingir que as coisas estão bem, em vez de lidar de maneira transparente com a luta que estão enfrentando. Em uma conferência recente, uma pesquisa com mais de mil pastores revelou que 77% dos entrevistados externaram que não tinham um bom casamento.[1] Sabendo o quanto é difícil para a maioria dos pastores compartilhar suas lutas com as pessoas de sua congregação, penso que podemos assumir, seguramente, que bem poucos desses pastores chegam a revelar suas lutas matrimoniais à igreja. Para parecer competente e espiritualmente maduro, o pastor pode ser tentado a menosprezar problemas muito reais, até a ponto de ignorar padrões pecaminosos em sua vida.

Um pastor certa vez compartilhou comigo que alguns membros da igreja estavam se tornando cada vez mais hostis a ele. Eles estavam tentando construir um caso para removê-lo da igreja. Alguns começaram a passar de carro pela igreja várias vezes, para manter um registro de quando o carro do pastor estava lá e quando não estava, com a intenção de acusá-lo de ser preguiçoso ou pegá-lo em ociosidade. Por mais bobo que isso possa parecer, isso teve um efeito muito real naquele homem. Ele me confessou que estava tentado a agradar os seus críticos e provar para eles que era um trabalhador esforçado. Ele procurou mudar sua agenda, fazendo menos visitas fora da igreja, para que aparentasse estar sempre por perto. Ele se sentiu compelido a agir assim, mesmo que isso significasse comprometer o que ele sentia que Deus o chamava para fazer. A percepção da aparência é uma realidade para muitos pastores, e pode exercer grande poder e controle sobre a vida deles, levando-os até a negligenciar aqueles a quem eles deveriam estar pastoreando.

{CARA}

Esposas, vocês não sentem isso também? Deixe-me fazer algumas perguntas. Como você se sente no domingo de manhã, quando seus filhos estão sentados com você e parecem ter formigas nas calças e estão falando alto o suficiente para serem ouvidos por quem está na entrada da igreja? Isto não faz você querer rastejar sob os bancos e se esconder ou, melhor ainda, sair do prédio? Você se preocupa com qual comida levar para o almoço comunitário? Tomara que o prato agrade! E a sua casa? Você se preocupa com a aparência de sua casa quando os membros da igreja aparecem? Há portas que meu marido está proibido de abrir quando temos visitas. Se você se identificou com qualquer uma dessas situações, então também entende a poderosa demanda da "aparência". Queremos que as pessoas pensem que temos tudo sob controle – a casa perfeita, as crianças perfeitas, o cachorro perfeito, a comida perfeita. Preocupamo-nos com o que as pessoas podem dizer, se formos algo menos que perfeitos. A demanda da aparência anda de mãos dadas com a demanda da aprovação.

❦

AS DEMANDAS DO SUCESSO

A demanda para que o pastor seja visto como "bem-sucedido" talvez seja maior na América do que em qualquer outro lugar do mundo. Além de nossa própria necessidade interna de provar que somos bem-sucedidos, a régua de medição consumista da igreja americana, que julga o desempenho pastoral por números e níqueis, é uma medição inútil e não-bíblica, que tem pouco a ver com a frutificação do reino. Infelizmente, a busca pelo "sucesso" no pastorado inevitavelmente leva à negligência de outras prioridades. E uma das prioridades mais comumente sacrificada, na busca do sucesso pastoral, é a família do pastor.

A identidade de um homem é frequentemente equiparada ao seu nível de sucesso na ocupação que escolheu. Um homem que está desempregado ou indo mal em seu trabalho é, geralmente, um homem muito desanimado. E os pastores certamente não são imunes a esse aspecto da identidade masculina. Paul David Tripp, um conhecido autor e pastor de pastores, explica como seus primeiros anos de ministério pastoral o levaram a uma crise de identidade:

> O ministério se tornou minha identidade. Não, eu não pensava em mim como um filho de Deus, carente da graça diária, em meio à necessidade de minha própria santificação, vivendo em batalha contra o pecado, carente do corpo de Cristo e chamado ao ministério pastoral. Não, eu pensava em mim como um *pastor*. Era isso o que importava! O ofício de pastor era mais do que um chamado e um conjunto de dons concedidos por Deus e reconhecidos pelo corpo de Cristo. Ser um "Pastor" era o que me descrevia. Era o que "eu" era, de uma forma que se provou ser mais perigosa do que eu teria pensado.[2]

A crise de identidade causada pelo desejo de obter sucesso é uma das principais razões pelas quais muitos pastores se sentem desencorajados hoje. Muitos desses homens trabalham duro e fazem grandes sacrifícios, mas sentem que têm pouco a mostrar no final do dia. Desesperados, muitos pastores se rendem a "fazer o que for preciso", a fim de alcançar o sucesso que anseiam para sua igreja. Pastores que se sentem fracassados sucumbem facilmente à força do pragmatismo.[3] Esse desespero pelo sucesso não apenas gera uma mentalidade pragmática no ministério, como também pode direcionar o pastor a negligenciar a sua família, por entender que sua vida familiar não está "funcionando" bem e passar, assim, a priorizar a agenda, as decisões e necessidades da igreja, em detrimento das de sua própria esposa e filhos.

AS DEMANDAS DA IMPORTÂNCIA

Uma das maneiras mais fáceis de desencorajar um pastor é fazê-lo sentir que não é necessário. Os pastores muitas vezes lutam com o desejo de serem significativos de alguma forma. A maneira mais óbvia dele demonstrar isso é a sua tendência de se voluntariar para fazer todo tipo de trabalho. Isso cria um padrão de ministério doentio, no qual a necessidade do pastor de sentir-se necessário leva a igreja a depender dele em tudo. Ele tem de fazer todas as visitas. Ele tem de pregar todo domingo. Ele tem de estar em todas as reuniões. Ele tem de realizar todos os casamentos e funerais. Por isso, ele não delegará nenhuma de suas tarefas a outras pessoas. Ele não tira férias, apesar de precisar muito de um tempo com sua família. Ele não permite que outros o ajudem, mesmo que esteja à beira de um esgotamento, tentando equilibrar as demandas da igreja e da família. Seu desejo de sentir-se necessário o leva a criar, inconscientemente, uma cultura eclesiástica na qual ele parece ser insubstituível. Isso pode ser facilmente camuflado como fidelidade ao Senhor ou como zelo de trabalhar duro na obra do ministério, entretanto acaba levando a dois resultados comuns: esgotamento e negligência familiar.

A necessidade de sentir-se importante também pode levá-lo a negligenciar a sua família, quando certas pessoas na igreja o fazem sentir-se mais importante do que sua esposa e filhos o fazem. O pastor pode facilmente cair nesse engano. Ele pode se convencer de que realmente precisa se encontrar com um jovem da igreja, para ajudá-lo a resolver os seus problemas, mesmo que isso signifique perder o jantar com a família pela terceira noite consecutiva. O jovem que acha você fantástico e que se apega a cada palavra que você diz pode ser altamente convincente, se comparado às demandas de sua esposa desgastada e exausta, e das crianças irritadas que aguardam sua volta para casa.

AS DEMANDAS DA EXPECTATIVA

Em todas as igrejas locais, encontramos dois tipos de expectativas: as que a igreja tem para o pastor e as que o pastor coloca sobre si mesmo. Esses dois fatores estão presentes em todas as igrejas e, raramente, são compatíveis. Um amigo pastor, no primeiro ano de seu pastorado, foi abordado por dois diáconos, separadamente, e em dois momentos distintos. Um dos homens veio criticá-lo, dizendo que ele não parava no escritório o suficiente e que precisava passar mais tempo no prédio, para poder atender as pessoas que passassem pela igreja. O outro homem veio para reclamar que ele não estava visitando os membros idosos o suficiente e que precisava sair mais frequentemente para visitar as pessoas em suas casas. Sabiamente, esse pastor se reuniu com os dois homens para discutir essas demandas conflitantes e estabelecerem algumas expectativas realistas, em vez de tentar descobrir como estar em dois lugares ao mesmo tempo. Essa conversa foi proveitosa e conduziu a expectativas mais realistas para o futuro.

Por mais utópicas que possam parecer as expectativas de uma igreja, a maioria dos pastores que são fiéis sabe que as expectativas mais difíceis que ele enfrenta são as que ele coloca sobre si mesmo. O pastor quer ser o Super-homem. Ele acha que seu povo exige isso dele. Pessoalmente, sei que, quando me deparo com expectativas conflitantes dos membros da minha igreja, sou eu quem fica mais decepcionado com a minha incapacidade de atender a todos que precisam de mim. Os pastores geralmente colocam expectativas inatingíveis e inúteis sobre si mesmos, e quando você combina as expectativas da congregação com a mentalidade irrealista de Super-homem que tem o pastor, isto forma uma combinação tóxica, uma combinação que muitas vezes leva à negligência da família do pastor.

{CARA}

Esposas, nós também lidamos com as demandas das expectativas, mas isso funciona um pouco diferente para nós. Eu acho que isso geralmente aparece de duas maneiras.

Primeiro, a esposa do pastor sente uma forte atração por estar bastante envolvida na vida da igreja. Embora a comissão pastoral possa dizer que está contratando apenas seu marido, e não você, isso não significa que não há expectativas sendo colocadas sobre você como esposa dele. Se existe alguém que a igreja queira ver mais do que o pastor, esse alguém é a esposa dele. Afinal, ela não deveria ser capaz de liderar a comissão de hospitalidade, o ministério das mulheres e o ministério das crianças, e estar presente em todos os cultos toda semana? Como esposa de pastor, você precisará proteger seu tempo e sua família. Você não pode sacrificar a sua família e negligenciar o seu marido, por estar muito cansada de servir à igreja.

A segunda maneira que essas expectativas surgem é nas próprias expectativas que temos, em relação ao marido. Suas expectativas são realistas? Ou você reforça a mentalidade de super-herói, esperando que seu marido seja o Super-homem? Para ser clara, devemos ser sinceras em comunicar nossas necessidades e sermos abertas quanto às necessidades da família, mas precisamos lembrar que o marido não pode atender a todas as nossas necessidades. Seja realista sobre sua comunicação (não espere que ele leia sua mente) e esteja disposta a dar-lhe graça. Consinta que a igreja interrompa sua vida de tempos em tempos.

AS DEMANDAS DA AMIZADE

Na igreja, a única pessoa mais solitária que o pastor talvez seja a esposa do pastor. Embora isso não seja verdade para todos os pastores, ainda assim é uma realidade comum no ministério hoje. Para muitos, que não são pastores, essa é uma verdade difícil de aceitar. Afinal, seu pastor é tão amado por todos. Não é de se esperar que ele tenha muitos amigos na igreja? E a esposa do pastor é a pessoa que todas as mulheres buscam para aconselhamento. Certamente ela deve ter muitas amigas! No entanto, pesquisas da revista *Focus on the Family* revelam que 70% dos pastores não têm amigos íntimos, nem com quem se confidenciar.[4] Minha própria experiência me leva a crer que a porcentagem de esposas de pastores solitárias é ainda maior. Mas, por que isso acontece?

Ser pastor e esposa de pastor podem realmente ser funções muito solitárias. De alguma forma, a cultura da igreja dificulta que eles cultivem relacionamentos significativos, com os quais sintam segurança para serem genuínos, transparentes e abertos, em relação às suas lutas, e sinceros sobre as questões da igreja. Em algumas igrejas grandes, servir com outros pastores e respectivas esposas pode criar ocasião para esse tipo de compartilhamento, mas, muitas vezes, os relacionamentos mais significativos dos pastores e das esposas de pastores se dão com os que são de fora da igreja local.

A consequência disto é que o pastor e sua esposa devem se esforçar para cultivar amizades significativas e seguras, tanto dentro quanto fora da igreja. Visto que essas amizades exigem muito trabalho para se desenvolver, muitos pastores e esposas de pastores acabam ficando solitários, com poucos amigos que realmente sabem o que eles passam.

{CARA}

Brian não está dizendo que não podemos ter amizades significativas na igreja. Alguns de nossos amigos mais chegados são da igreja em que servimos. Ainda assim, precisamos ser cautelosos e sábios sobre o que compartilhamos e com quem compartilhamos.

Há, ainda, uma emoção adicional e única que a esposa de pastor acaba enfrentando a esse respeito – a inveja. Algumas noites, Brian chega da igreja exausto. Sentamo-nos para o jantar em família e espero poder passar um tempo com ele, mas então aquele temido telefone toca. Com certeza, é um membro da igreja que subitamente foi internado no hospital ou alguém cujo casamento está em crise. Observo meu marido cansado a se arrastar de volta para fora de casa à noite e me assento sozinha, com as crianças, sem saber quando ele voltará para casa.

Em momentos assim, é difícil não ter inveja do tempo que essas pessoas usarão do meu marido. Facilmente deixamos a inveja tomar conta de nosso coração. Rapidamente ficamos ressentidas com o tempo que nosso marido precisa disponibilizar para outros. Sentimo-nos como se tudo o que recebemos são as sobras e, por vezes, até essas são tomadas de nós. É fácil para a esposa de pastor ficar amargurada com a igreja nesses momentos. Essa batalha é muito real e nossa luta é compreensível. Essa é a causa de precisarmos fazer um esforço a mais, para desenvolvermos amizades saudáveis, com quem podemos ser honestas sobre essas coisas, e relacionamentos com quem possamos compartilhar nossas dores e decepções, antes que essas coisas tenham chance de se estabelecer e se transformar em raízes de amargura e ressentimento.

As demandas e expectativas impostas ao pastor e esposa são coisas muito reais e dificultam o desenvolvimento de relacionamentos mais aprofundados. Contudo, ter amigos chegados é possível, mesmo que isso exija um esforço extra. Os pastores precisam exercitar a sabedoria, buscando cautelosamente as pessoas (e casais) dentro e fora da própria igreja, com quem possam ser reais e sinceros.

O VERDADEIRO PROBLEMA DO PASTOR
Todas as demandas que consideramos exercem uma forte influência sobre o coração e mente do pastor e

de sua esposa. A tentação de acolher essas demandas pode enganosamente nos levar a tomar decisões que afetarão negativamente a nossa família. Mas, embora sejam fortes e consumidoras, essas demandas não são o real inimigo. Muitas vezes, elas resultam de um anseio legítimo por coisas boas – a necessidade de amor, amizade e importância. Esses anseios não são realmente o problema. O problema não decorre das demandas enfrentadas pelo pastor, mas da maneira como ele e sua esposa optam por responder a essas demandas.

No coração de todo pastor há um impulso inerente, uma tendência a satisfazer seus desejos e atender às demandas da vida de maneira imperfeita, egoísta e pecaminosa. Esse é o problema fundamental que leva um pastor a negligenciar seu casamento e seus filhos. É um problema que remonta ao primeiro casamento e à primeira família – a Adão e Eva. Depois que Deus criou os céus, a terra e todas as criaturas viventes (Gênesis 1 e 2), ele também criou o homem e mulher à sua imagem (Gênesis 1.27). Esse homem e sua mulher estavam unidos como uma só carne, andando nus e sem se envergonharem (Gênesis 2.24-25). Deus declarou que tudo o que ele havia feito era "muito bom" (Gênesis 1.31); contudo, Adão e Eva pecaram deliberadamente contra o seu Criador e Senhor, desobedecendo à ordem de Deus e comendo da árvore do conhecimento do bem e do mal (Gênesis 3.6). Deus havia avisado Adão e Eva a não comerem daquela árvore ou eles morreriam (Gênesis 2.17). Mas quando Satanás tentou Eva, ela ignorou o aviso de Deus e comeu o fruto da árvore e deu parte do fruto ao marido (Gênesis 3.6). Em vez de obedecer ao mandamento de Deus, o homem e a mulher se rebelaram contra Deus. Eles decidiram que queriam dirigir a sua própria vida, tomar as suas próprias decisões e satisfazer as suas próprias necessidades, ao invés de serem governados por Deus e nele confiarem.

Quando Adão e Eva pecaram contra Deus, o pecado entrou no mundo e mudou tudo. Todos nós que nascemos como filhos de Adão e Eva herdamos o coração pecaminoso deles, vivendo sob a maldição da morte e em degradação. Nascemos em um mundo caído e pecador, com o coração contaminado e uma disposição natural para se rebelar contra Deus e buscar os prazeres do pecado. Jesus afirmou essa verdade sobre a condição humana. Em Marcos 7.1-23 lemos sobre o confronto de Jesus com os fariseus, os quais arrogantemente depositavam sua fé em seus atos e tradições. Eles estavam cegos para o que Jesus disse sobre o que realmente importa para Deus – não as coisas físicas e externas que fazemos, mas as questões espirituais e internas do coração.

Nesse contexto, Jesus falou não apenas sobre o estado corrompido de nosso coração, mas sobre como essa corrupção afeta o nosso relacionamento com Deus. Jesus disse que aquilo que procede de fora e entra em uma pessoa não a contamina, porque não entra em seu coração, mas entra no seu estômago (Marcos 7.18-19). Jesus então acrescentou estas palavras:

> O que sai do homem, isso é o que o contamina. Porque de dentro, do coração dos homens, é que procedem os maus desígnios, a prostituição, os furtos, os homicídios, os adultérios, a avareza, as malícias, o dolo, a lascívia, a inveja, a blasfêmia, a soberba, a loucura. Ora, todos estes males vêm de dentro e contaminam o homem.
>
> Marcos 7.20-23

Durante a maior parte de sua vida, os discípulos de Jesus seguiram rígidas leis e tradições que reforçavam a noção de que a contaminação vinha de alimentos e de outros objetos que eram declarados impuros. No entanto, Jesus ensinou uma verdade contrária: que a entrada no reino de Deus não se baseia no exterior, mas no interior – no estado do coração da pessoa.[5]

O coração de um pastor não é diferente de qualquer outro coração. A negligência para com sua família não pode ser simplesmente atribuída às pressões, demandas e expectativas irrealistas que foram colocadas sobre ele. Afinal, a luta que ele enfrenta, e também a negligência para com a família, têm uma causa raiz: o coração pecaminoso. A razão pela qual um pastor desobedece aos mandamentos expressos das Escrituras, quanto ao cuidado com sua família, e se desculpa por sua desobediência, é seu desejo pecaminoso. Em vez de confiar em Deus, de forma obediente, crendo que Deus cuidará de suas necessidades, ele tenta suprir as suas próprias necessidades de aceitação, importância, aprovação e amizade. Esse é um padrão profundamente enraizado em seu coração.

Mas como isso acontece na prática? Deixe-me dar alguns exemplos de pecados específicos que um pastor pode cometer; pecados que estão intimamente ligados às exigências do ministério, como examinamos anteriormente:

- Estar escravizado às demandas de aprovação e aparência pode revelar uma luta pecaminosa com o próprio medo, ou seja: temer o que as pessoas pensam, em vez de obedecer ao que Deus diz.
- Ser controlado pelas demandas da alta expectativa ou da importância pode demonstrar a luta com o orgulho, que leva a desejar a glória para si mesmo, em vez de humildemente dar glória a Deus.
- Ser movido pelas demandas do sucesso pode lançar o pastor em uma crise de identidade, que expõe o ministério pastoral como um ídolo em seu

coração, em vez de encontrar sua identidade somente em Cristo.

- Ser consumido pelas demandas da amizade pode levar ao descontentamento, ao distanciamento emocional dos outros e falta de confiança na provisão de Deus.

Todo cristão, embora perdoado e renovado pelo poder do evangelho, deve lutar diariamente contra sua carne pecaminosa neste mundo decaído – e pastores não são diferentes! De fato, acredito que o Inimigo tem como alvo específico os pastores, tentando fazer com que voltemos nossos afetos para alguma coisa, ou para alguém, e não para Deus, mesmo sendo algo bom como o ministério. Esse é um problema muito real. O pastor pode facilmente ser enganado por seu próprio coração pecaminoso, mesmo estando profundamente envolvido nos desafios e sacrifícios do ministério pastoral.

No entanto, há esperança de podermos não apenas identificar os pecados que tão facilmente nos envolvem e nos levam a desonrar a Deus e negligenciar a nossa família, mas também de podermos vencê-los. O mesmo poder do evangelho, que redimiu o coração pecaminoso de todo pastor cristão, permite-nos despir desses pecados e nos vestirmos de Cristo. O evangelho nos capacita a obedecer aos mandamentos de Deus e a responder ao chamado de Cristo, para sermos pastores fiéis em nosso lar e igreja. Nas próximas páginas, examinaremos várias estratégias bíblicas para alavancar esse poder restaurador em nosso coração partido e pecaminoso, a fim de encontrarmos equilíbrio ao respondermos às demandas que enfrentamos e aprendermos a pastorear fielmente a nossa família.

QUESTÕES PARA DISCUTIR

Para a esposa perguntar ao marido
1. Em quais dessas demandas você tem mais tendência a cair?
2. De que maneira essas demandas fizeram com que você negligenciasse a nossa família?
3. Que anseio pecaminoso você identifica em seu coração, que faz com que você negligencie a nossa família?

Para o marido perguntar à esposa
1. Às vezes você tem inveja do tempo que dedico à igreja? E o que podemos fazer para proteger o nosso tempo pessoal?
2. Com quais demandas você tem lutado? De que maneira eu posso ajudá-la a superar esse conflito?
3. Você ou nossa família estão se sentindo negligenciados de alguma maneira que eu não saiba?

CAPÍTULO 2
A SOLUÇÃO

{BRIAN}

Aquele era o encontro que eu temia. Eu estava no penúltimo ano do Ensino Médio, e as coisas não estavam indo bem com a minha namorada. Ela me solicitou uma tarefa: "defina o nosso relacionamento". Aqueles que já tiveram estômago para aguentar essas conversas, podem adivinhar o que aconteceu a seguir. Nós nos encontramos e as palavras que eu temia ouvir saíram de sua boca. Ela queria terminar comigo e romper o relacionamento. Na esperança de me aliviar a dor da rejeição, ela disse aquelas palavras famosas: "Brian, não é você – sou eu!" (*Cara: Só para constar, não fui eu "a garota" que requisitou essa conversa.*)

"Não é você – sou eu." Essas palavras simples sempre têm um significado mais profundo. Elas intencionam amortecer o golpe em nosso orgulho e em nosso valor pessoal, quando somos rejeitados por alguém que amamos. São palavras que tentam colocar a culpa na pessoa que está rejeitando, mas a tentativa, por mais nobre que seja, sempre falha. O que acontece é exatamente o oposto. Ouvir essas palavras pode acabar com a gente. Sabemos intuitivamente que as palavras não são sinceras, e que é apenas uma maneira de evitar conflitos e terminar rapidamente um relacionamento infeliz.

Apesar do uso extremamente negativo dessa frase na maioria dos relacionamentos, quero sugerir que, para um pastor culpado de negligenciar a sua família, usar essa frase seja talvez a melhor maneira para começar. Quando o pastor reconhece a verdade de que "não é... ; sou eu!", isso se torna um ponto de partida útil e honesto para lidar com sua negligência. No capítulo anterior, vimos como as pressões e demandas que um pastor enfrenta podem levar a prioridades equivocadas em sua vida. E, embora seja tentador focar nas demandas e culpá-las por nosso comportamento, a raiz do problema é mais profunda. O problema não reside nas demandas e pressões que enfrentamos, mas na maneira como criamos ídolos a partir dessas demandas, ídolos que nos levam a negligenciar a nossa família e desonrar a Deus. Quando negligenciamos pecaminosamente a nossa família, várias consequências inevitavelmente se sucedem.

A negligência do pastor por sua família revela uma desconsideração de vários e claros imperativos bíblicos; coisas que são ordenadas a todo marido e pai cristão (Efésios 5.25-30; 6.4; 1 Pedro 3.7). Além disso, negligenciar a família revela um desprezo das qualificações da liderança, quanto a "administrar bem sua própria família" (1 Timóteo 3.4). Esses imperativos bíblicos revelam que Deus prioriza que o pastor pastoreie e cuide de sua família, antes de cuidar de seu rebanho. Apesar dessas claras expectativas para com os líderes, as respostas pecaminosas às demandas do ministério levam muitos pastores a trocar suas prioridades. A negligência de um homem cristão por sua família indica que ele não a valoriza. Como o pastor é um exemplo para o seu rebanho (1 Pedro 5.3), ele não apenas dá um mau exemplo para os outros homens cristãos em sua congregação, devido à sua negligência, mas ainda pior, um espírito de hipocrisia permeia sua casa. Sua esposa e seus filhos veem a hipocrisia em sua vida. A falta de consideração que o pastor demonstra pelas necessidades de sua família é uma das principais causas para que a esposa e filhos de pastores sintam aquele "desencantamento", que por vezes ocorre em relação à igreja, e até em relação ao próprio Cristo. Os pecados que um pastor comete têm consequências para si mesmo, para sua família e para a igreja que ele serve.

{CARA}

Esposas, às vezes o marido nem sabe que estamos sendo negligenciadas. Muitas mulheres que conheço querem que o marido consiga ler a mente delas. Queremos que ele nos entenda tão bem que simplesmente saiba quando as coisas estão erradas! Mas muitas vezes nem mesmo nós sabemos o que está errado. A solução não é ficar martelando na cabeça de seu marido, sobre todas as vezes que ele falha, a cada vez que ele entra em casa. Ao mesmo tempo, devemos evitar reprimir nossas preocupações e cuidar para não desenvolver a amargura e a ira. É preciso saber compartilhar com o marido, de forma amorosa, sábia e, acima de tudo, respeitosa, as nossas necessidades e as necessidades de nossa família; e, além disso, devemos orar pacientemente pelo nosso próprio coração e pelo coração dele.

Apesar das sérias consequências de negligenciar a família, o pastor que sucumbe às demandas e pressões do ministério às custas de sua família ainda tem esperança. Há poder para vencer esses pecados e para reconstruir o que foi arruinado – o poder do evangelho.[1] O mesmo evangelho, que desperta a alma espiritualmente morta do pastor para a vida em Cristo, também tem o poder de conceder vitória sobre o fardo dos pecados. Pastores com essas dificuldades precisam confiar em duas facetas do evangelho bíblico, se desejam experimentar o seu poder: precisam assumir os seus pecados, reconhecendo sua negligência e fracasso; e precisam depender da graça que Cristo oferece, confiando nos dons e promessas de Deus, e não em seus próprios esforços, para obter o que desejam e necessitam.

EXAMINE O SEU CORAÇÃO

O primeiro passo que um pastor deve dar nesse processo é começar a reconstruir o que foi prejudicado pela negligência. É aqui que o poder das palavras "não é você – sou eu" é necessário. O pastor deve ter a mesma atitude que qualquer seguidor de Jesus que luta contra o pecado deve ter: reconhecer seu pecado contra Deus e contra a sua família. Ele deve primeiro confessar o seu fracasso a Deus e, depois, à esposa e filhos. Ele deve reconhecer que é errado afirmar que sua negligência resulta das pressões que enfrenta ou das exageradas demandas por seu tempo. Essas afirmações podem facilmente se tornar desculpas que ocultam o pecado, e justificativas que o afastam do verdadeiro arrependimento. As famílias de alguns pastores podem acreditar que elas são as culpadas pelos problemas que enfrentam. O marido que negligencia sua esposa pode descobrir que ela crê que há algo errado com ela, e que ela pensa ser a razão pela qual seu marido prefere passar mais tempo com os membros da igreja do que com ela. Os filhos do pastor podem chegar à suposição razoável de que seu pai ama mais a igreja do que a eles. Para lidar com as dificuldades que sua negligência criou na família, o pastor deve primeiro olhar para o seu coração, reconhecer aquilo que é certamente pecaminoso, confessá-lo a Deus e àqueles contra quem ele pecou e se arrepender, afastar-se dos padrões pecaminosos e escolher seguir a Deus em fé e obediência.

O arrependimento é a chave desse processo, não apenas para experimentar o perdão de Deus, mas também a restauração em nossa família, quando quebramos os padrões de negligência. Vários anos atrás, eu achei que estava sinceramente reconhecendo algumas lutas pecaminosas e padrões de negligência para com a minha esposa e meus filhos, e fiz algumas mudanças necessárias no cronograma de nossa família, para demonstrar meu compromisso de romper com meus velhos hábitos e padrões. Nunca esquecerei o desespero que senti, pouco tempo depois, quando minha esposa me confrontou e me disse que eu demonstrava pouquíssima mudança. Ela me informou que meus filhos diziam não ter notado mudança nenhuma. Percebi que, embora tivesse reconhecido meu pecado e o confessado à minha família, com a intenção de melhorar as coisas, a falta de uma mudança substancial revelou que não houve arrependimento verdadeiro. Quando de fato me arrependi, uma mudança real e duradoura começou a ocorrer em minha vida.

Não se engane, eu ainda cuido da minha família imperfeitamente. Mas minha esposa e meus filhos agora podem certificar o fruto do arrependimento em minha vida. O telefone raramente é atendido durante o jantar e em nosso tempo devocional em família. Eu sempre procuro chegar em casa quando digo que vou estar lá, e não quarenta e cinco minutos a uma hora depois. Nos últimos anos, usei todo o meu tempo de férias previsto. Embora todo pastor seja sempre uma obra incompleta, é possível pela graça de Deus e pelo poder do evangelho quebrar os padrões pecaminosos que foram estabelecidos. No entanto, sem verdadeiro arrependimento, pouco mudará.

DESPOJAR E REVESTIR

Como o arrependimento é essencial, devemos entender que o arrependimento bíblico envolve mais do que confessar nosso pecado e decidir não cometê-lo mais. O modelo bíblico é que "vos despojeis do velho homem...e vos revistais do novo homem" (Efésios 4.22-24). Além de nos despojar de nosso pecado, devemos nos revestir de Cristo; precisamos buscar padrões e hábitos positivos e nos revestir deles, no lugar de nossos padrões pecaminosos. Encontrei quatro princípios bíblicos úteis, dos quais o pastor pode se "revestir" quando se arrepende de seu pecado, todos os quais estão enraizados no propósito de Deus para a família. Quando aplicados, Deus pode usar esses princípios para quebrar os padrões de negligência e estabelecer novos padrões saudáveis.

LEMBRE-SE DAS QUALIFICAÇÕES BÍBLICAS

O apóstolo Paulo descreve claramente as qualificações de um pastor nas Escrituras. O pastor (*epíscopo*, ancião) deve ser um marido fiel à esposa (1Timóteo 3.2; Tito 1.6) e um bom administrador de seus filhos e família (1Timóteo 3.4-5; Tito 1.6). As listas de Paulo em 1Timóteo 3 e Tito 1 não são exaustivas, mas contêm várias características que podem e devem ser observadas e identificadas em qualquer homem que aspire ao ofício pastoral (1Timóteo 3.1). Essas qualificações também são exigidas de qualquer pastor, durante todo o seu ministério. Manter as listas de Paulo em nossa mente é um antídoto claro e útil para o problema da negligência. Esse padrão divino ajuda os pastores a permanecerem cientes do que é requerido deles para permanecerem fiéis à família, nas adversidades do ministério pastoral. Ignorar esse padrão bíblico inevitavelmente leva à negligência da família e, muitas vezes, à desqualificação do ofício pastoral.

Quando o apóstolo Pedro exortou os anciãos (pastores) sob seus cuidados para pastorear o rebanho de Deus (1 Pedro 5.2), ele os convocou a serem "exemplos para o rebanho" (1 Pedro 5.3). Pedro tinha em mente todos os aspectos da vida, inclusive a responsabilidade do homem para com sua esposa e filhos. Certa vez ouvi um pastor experiente, Albert Martin, falar a um grupo de pastores sobre o tema do casamento cristão: "O que fazem os membros de sua igreja, quando um não-cristão entra pela porta e pergunta a eles como um homem cristão deve tratar a sua esposa? Você sabe o que eles devem fazer? Apontar para você e dizer: 'Ora, apenas observe aquele homem. Ele é o meu pastor. Você precisa apenas observar como ele trata de forma carinhosa, amorosa e sacrificial essa mulher ao lado dele'".

Os pastores precisam lembrar que Deus estabeleceu um alto padrão para aqueles que pastoreiam o seu povo, em termos de como eles cumprem o seu chamado como marido e pai. Ao se despojar do seu pecado e se revestir de Cristo, lembre-se de que o fruto da obra de Deus em sua vida, as coisas que primeiro o qualificaram para o ministério pastoral, devem continuar a ser evidentes, não apenas para sua igreja, mas também para sua esposa e filhos.

Deixe-me adicionar uma palavra de graça necessária. Você nunca deve esquecer que os dons que você tem para o ministério pastoral também são frutos do evangelho. Eles não existem sem que o Espírito de Deus trabalhe poderosamente em você e através de você. Cuide para que essa lista de qualificações não venha a ser realizada por seu próprio poder e retidão. Em vez disso, recorra a Deus em dependência e oração, buscando essas qualidades como o fruto espiritual da graciosa obra de Deus em você. Os dons de Deus vêm através da fé, quando você depende de Cristo para cada necessidade.

AME, COMPREENDA E DELEITE-SE COM A SUA ESPOSA

No tom da exortação de Pedro para que os pastores sejam exemplo ao rebanho, também é essencial que mantenham diante si o desígnio de Deus para o casamento. O projeto redentivo de Deus, para o casamento entre um marido cristão e uma esposa cristã, pode ser visto nos mandamentos de Paulo ao marido e à mulher, no livro de Efésios. A esposa deve se submeter a seu marido como o faz ao Senhor (Efésios 5.22), e o marido deve amar a sua esposa como Cristo ama a igreja e se entregou por ela (Efésios 5.25). Essa tarefa é impossível para qualquer homem cristão, se ele não fizer de sua esposa uma alta prioridade, logo após Cristo. Quanto mais, então, isso é verdadeiro para o pastor! Como pode um marido que negligencia sua esposa e sua família demonstrar que ama a esposa, de uma maneira que evidencie ao restante do rebanho o amor incondicional e sacrificial de Cristo?

Pedro também aborda o desígnio divino de Deus para o casamento cristão, mas sua abordagem difere um pouco da de Paulo. Pedro se dirige ao homem que alega que sua esposa, assim como a igreja, é difícil de amar. Ele começa com instruções à esposa cristã sobre como ela deve obedecer a Cristo, ao lidar com um marido desobediente à mensagem do evangelho (1 Pedro 3.1). Elas alcançam seu objetivo vivendo uma vida piedosa diante de seu marido desobediente, na esperança de que seu comportamento piedoso conquiste seu marido (1 Pedro 3.2-4). Com o pano de fundo de um casamento desafiador em mente, Pedro instrui os maridos cristãos: "Maridos, vós, igualmente, vivei a vida comum do lar, com discernimento; e, tendo consideração para com a vossa mulher como parte mais frágil, tratai-a com dignidade, porque sois, juntamente, herdeiros da mesma graça de vida, para que não se interrompam as vossas orações" (1 Pedro 3.7).

Ter a esposa em alta consideração significa entender a vontade de Deus sobre como o marido cristão deve se relacionar com ela. Isso envolve compreender e ter empatia com a esposa. O marido deve estar atento às necessidades, lutas e sentimentos de sua esposa. O pastor é chamado a viver com sua esposa dessa maneira, não apenas para dar exemplo ao rebanho, mas também porque a esposa de pastor enfrenta desafios, demandas e pressões peculiares. Isso requer dele um cuidado bastante atencioso. Uma medida extra de firmeza e fidelidade é necessária para fazer com que a esposa do pastor se sinta valorizada e honrada. Ela pode sentir a concorrência pelos afetos do marido, de uma maneira que outras esposas não sentem. Ela pode ter lutas e desafios únicos que a esposa de outro homem não enfrenta. Como pastor e marido, você precisará aprender quais são esses desafios e como pode melhor servir sua esposa em amor.

Embora esses imperativos para um marido cristão sejam úteis, outros exemplos bíblicos também ajudam a esclarecer o que Deus espera. Considere o sábio conselho de Salomão a seu filho, em Provérbios 5. Salomão primeiro adverte seu filho sobre a mulher adúltera, quem ela é e por que ele deveria ficar longe dela (Provérbios 5.1-14). Então, em um contraste impressionante, Salomão usa a descrição vívida da mulher adúltera para ajudar seu filho a entender por que seu deleite deveria estar apenas na esposa de sua juventude (Provérbios 5.15-20). Salomão insiste que seu filho se delicie sexualmente com sua esposa, e não com a mulher adúltera, por estar "intoxicado com o amor da esposa". O amor sacrificial por sua esposa, que o leva a amá-la como Cristo amou a igreja e a viver com ela com discernimento, é algo crescente que se deriva do seu prazer na maravilhosa e misteriosa graça de Deus, a graça que lhe deu essa mulher de acordo com o plano soberano e sábio de Deus.

Charles Spurgeon costuma ser considerado um homem que foi negligente com sua esposa e seus dois filhos, porque passava grande parte do tempo viajando e pregando pelo mundo. No entanto, mesmo que possamos encontrar equívocos em algumas de suas prioridades, é difícil ignorar o óbvio deleite que Spurgeon demonstrava por sua esposa. Isso é especialmente verdadeiro quando vemos as cartas que ele escreveu para ela, todos os dias, enquanto viajava.[2] Após o apelo da esposa para que ele usasse o tempo para descansar, em vez de escrever a ela com tanta frequência, Charles Spurgeon respondeu com uma carta que dizia: "Cada palavra que escrevo é um prazer para mim, assim como é também para você; envio-lhe apenas muitas palavras rabiscadas, que eu anoto conforme vêm à mim, para que você possa ver que não é algo trabalhoso, mas apenas um rabisco feliz. Não se preocupe por eu escrever muitas cartas; é um prazer contar-lhe minha alegria".[3] Em outra ocasião, ele enviou a ela alguns esboços à caneta e tinta, que desenhara de penteados de cabelos de mulheres italianas, e escreveu: "Agora, querida, que estes simples traços a divirtam; Considero um trabalho sagrado desenhá-los, se lhe causarem apenas um sorriso feliz".[4]

Ao lidar com suas agendas exigentes e emergências inesperadas, os pastores farão bem em aprender com o exemplo de Spurgeon. O pastor que realmente se deleita em sua esposa precisa dizer isso a ela, para que ela se sinta valorizada pelo marido. O objetivo do marido não deve ser apenas o de observar a letra da lei; ele precisa procurar ser fiel à intenção que há por trás desses mandamentos, cultivando um deleite aprazível em sua esposa e na complexidade de sua personalidade. Peça a Deus para tornar sua esposa mais preciosa para você todos os dias. (*Cara: Maridos, não esperamos muito, na verdade; só queremos nos sentir importantes – e amadas!*)

PASTOREIE, TREINE E INSTRUA OS SEUS FILHOS

O assunto delicado que se evita comentar, quando observamos como os pastores usam seu tempo, é a quantidade de tempo que eles de fato empregam na instrução de seus filhos. O pastor acaba gastando várias horas por semana instruindo e pastoreando os membros da igreja, mas, quando volta para casa, geralmente adota uma abordagem mais passiva ou conta com a esposa para lidar com o pastoreio dos filhos. O pecado cega muitos pastores na questão da negligência com os filhos; e, para combatê-lo, os pastores devem levar em consideração os claros imperativos bíblicos que Deus dá aos pais cristãos: "E vós, pais, não provoqueis vossos filhos à ira, mas criai-os na disciplina e na admoestação do Senhor" (Efésios 6.4). Há diferentes maneiras pelas quais os pais cristãos podem exasperar seus filhos e provocá-los à ira. Um filho de pastor que o vê repetidamente priorizando as responsabilidades da igreja, em vez de passar tempo com ele, acabará ficando aborrecido e sendo provocado a irar-se. Os filhos precisam ser pastoreados e instruídos no Senhor, tanto quanto aqueles pelos quais o pastor é responsável na igreja.

Mas, como um pai cristão treina e instrui seus filhos no Senhor? Em Deuteronômio, Deus falou estas palavras através de seu servo Moisés:

> Ouve, Israel, o Senhor nosso Deus é o único Senhor. Amarás, pois, o Senhor, teu Deus, de todo o teu coração, de toda a tua alma e de toda a tua força. Estas palavras que, hoje, te ordeno estarão no teu coração; tu as inculcarás a teus filhos, e delas falarás assentado em tua casa, e andando pelo caminho, e ao deitar-te, e ao levantar-te. Também as atarás como sinal na tua mão, e te serão por frontal entre os olhos. E as escreverás nos umbrais de tua casa e nas tuas portas.
>
> Deuteronômio 6.4-9

Três princípios úteis podem ser encontrados nas palavras dirigidas por Deus aos pais que pertenciam ao seu povo, os israelitas. Primeiro, devemos instruir e treinar nossos filhos para que eles aprendam a verdade sobre Deus e saibam o que ele espera de nós (Deuteronômio 6.4-5). Há um propósito no que ensinamos: o desejo de ver nossos filhos conhecerem a Deus, crerem e aceitarem o evangelho. Segundo, instruímos nossos filhos com a Palavra de Deus, para que as Escrituras transformem o coração deles (Deuteronômio 6.6-7). A Bíblia é a fonte do que ensinamos e a autoridade final para a nossa vida. Finalmente, devemos instruir nossos filhos em nossos lares, e não apenas depender das reuniões na igreja, de forma que a Palavra de Deus se torne o foco central de nosso lar (Deuteronômio 6.8-9). Devemos ensinar regularmente, como parte de nossa vida familiar diária. Os pastores precisam estabelecer prioridades nesse sentido, comprometendo-se primeiro a instruir seus próprios filhos no Senhor e, depois, procurar instruir a igreja.

{CARA}

Esposas, desempenhamos um papel muito importante nesse processo. Precisamos incentivar nosso marido a dedicar tempo aos filhos. Uma maneira de o encorajarmos é abrindo mão de um pouco do tempo que passamos com o marido, para que ele possa passar esse tempo talvez individualmente, com as crianças. Nossos filhos ficam em casa apenas por um curto período de tempo, por isso é importante fazer disso uma prioridade.

Segundo, precisamos lembrar que somos as que passam mais tempo com nossos filhos. Como faço "homeschool" com eles, passo a maior parte do dia com as crianças. Vejo em primeira mão as suas lutas e observo como estão crescendo. Preciso compartilhar essas coisas com meu marido, para que ele saiba treinar e instruir sabiamente nossos filhos. Eu não devo esperar que ele saiba, como por mágica, o que aconteceu ao longo do dia ou que conheça as necessidades específicas de nossos filhos. Como marido e mulher, estamos nisso juntos, por isso precisamos trabalhar juntos.

Finalmente, precisamos incentivar nossos filhos a desejarem passar tempo com o pai; no entanto, devemos ensiná-los a ser compreensivos, quando coisas inesperadas o afastam deles. Fazemos isso melhor quando damos nosso próprio exemplo. Devemos mostrar entusiasmo ao ver o marido, quando ele volta para casa, e precisamos ser gentis e compreensivas, quando a igreja necessita dele.

※

ACEITE SEU CHAMADO PARA PRESTAR CONTAS

Talvez a verdade mais preocupante para o pastor venha do autor de Hebreus: "Obedecei aos vossos guias e sede submissos para com eles; pois velam por vossa alma, *como quem deve prestar contas*, para que façam isto com alegria e não gemendo; porque isto não aproveita a vós outros" (Hebreus 13.17, grifo adicionado). Embora essa instrução específica seja dada a todos os cristãos, ela contém uma verdade penetrante para pastores e líderes da igreja. A implicação clara dessa palavra do autor de Hebreus é que os pastores darão conta de seu trabalho de pastorear pessoas. Um dia, eles responderão ao Sumo-Pastor.

Lembro-me da imensa pressão que senti quando assumi minha primeira posição de pastor e reconheci que haveria de prestar contas a Deus, pelo modo como pastoreasse e cuidasse de todas aquelas pessoas. Eu ia para a cama, à noite, incapaz de dormir por causa desse fardo. Pouco tempo depois, percebi que estava me concentrando tanto em minha responsabilidade para com a igreja que havia me esquecido de uma responsabilidade igualmente importante – meu cuidado para com a minha própria família. Fiz a mim mesmo a seguinte pergunta: se um dia prestarei contas pelo modo como cuidei das pessoas em nossa igreja, quanto mais conta terei eu de prestar pelas almas de meu próprio lar? Infelizmente, alguns pastores passam a vida inteira no ministério focados em cuidar dos membros da igreja, enquanto ignoram o cuidado daqueles que vivem debaixo de seu próprio teto.

Há muito em jogo aqui. As consequências desses pecados de negligência podem ser desastrosas. No entanto, graças sejam dadas a Deus! Temos um grande Salvador, que não apenas comprou para nós o perdão dos pecados e a salvação da ira vindoura, mas também nos libertou da escravidão do pecado. Aqueles que foram comissionados pelo Sumo-Pastor devem conhecer a realidade dessa liberdade mais do que ninguém. Devemos primeiro examinar nosso coração, confessando nossos pecados a Deus e à nossa família e, verdadeiramente, nos arrependermos de nossa negligência e desobediência, como pai e marido. Precisamos nos revestir de Cristo e nos comprometer a fazer o que ele claramente nos ordenou, sendo nós um modelo de pai e marido piedoso para o nosso rebanho.

QUESTÕES PARA DISCUTIR

Para o pastor – perguntas feitas por colegas pastores ou outros cristãos maduros

1. Você já reconheceu e confessou a Deus e a seus familiares a sua negligência para com sua família? O que, especificamente, você precisa confessar?
2. Quais são algumas das consequências dessa negligência?
3. Em que áreas você acredita que mais precisa crescer como pai e marido? Como você acha que sua esposa responderia a essa pergunta? E seus filhos?
4. Se você tivesse de prestar contas a Deus pela maneira como pastoreou sua família até agora, o que você diria? Como o evangelho o motiva a pastorear a sua família com graça e amor?

REFLEXÃO
SINAIS DE GRAÇA NO MINISTÉRIO

JIM SAVASTIO[*]

Um antigo escritor observou, certa vez, que "a vida do ministro é a vida de seu ministério". Quando a Bíblia nos dá as qualificações para o ministério pastoral, enfatiza repetidamente a importância do caráter de um homem e de seu relacionamento com os outros – especialmente os relacionamentos familiares. Pela graça de Deus, desfruto das alegrias do casamento e do ministério há mais de vinte anos. Eu me casei pouco antes do início do meu último ano de seminário, então minha esposa e eu conhecíamos pouco ou quase nada sobre a vida de casados, além de nossa vida ministerial juntos. Todos os meus filhos nasceram e foram criados no meio dos labores pastorais de seu pai. Ainda assim, apesar dos desafios do ministério pastoral, nossa vida tem sido abençoada por Deus, bênção que atribuo às

---

[*] Jim Savastio pastoreou por 25 anos, e agora está envolvido com o treinamento de jovens pastores.

várias maneiras pelas quais a graça de Deus tem sido bem evidente para mim.

1. A graça de Deus tem sido evidente através da bênção dos *maus exemplos*. Costumo aprender mais com minhas falhas do que com meus sucessos no ministério; e me incomodam muito os sinais de alerta que percebo em outras pessoas. Tenho aprendido o que devo evitar fazer, observando o exemplo daqueles cujas famílias naufragaram. Quando um motorista vê um carro girando no gelo à sua frente, ele pode parar, ou desacelerar, ou tomar uma rota alternativa. Da mesma forma, é possível alguém aprender a evitar alguns dos piores erros no ministério e vida familiar, ao reconhecer e evitar os erros que outros cometeram.

2. Juntamente com os alertas dos maus exemplos, também tenho visto a graça de Deus através da bênção dos *bons exemplos*. Quando Deus me salvou, ele me colocou em uma comunidade onde havia um pastor piedoso que interagia graciosamente com sua esposa e filhos. Pude ver que os homens da igreja tanto amavam e serviam sua esposa, quanto instruíam e disciplinavam seus filhos com amor. Vi lares felizes, cheios de alegria. Olhe ao seu redor e procure bons exemplos. Pergunte a esses homens o que eles fazem, e aprenda com eles.

3. O terceiro sinal da graça de Deus foi a bênção de ter recebido *boa instrução*. Quando eu estava sendo treinado para o ministério, um dos meus mentores

me lembrava, várias vezes, de que meu chamado como pastor nunca negaria o meu chamado como homem cristão, em meu dever de amar e cuidar de minha família. Sendo ainda um crente jovem, fui ensinado com clareza a respeito das passagens bíblicas sobre o casamento e a família. A verdade desses princípios fundamentais da Palavra de Deus é vividamente demonstrada na vida dos homens que abraçaram ou que se afastaram da verdade de Deus. Se você não entende completamente o que significa ser um marido e um pai piedoso, estude as Escrituras e aprenda com os exemplos de homens que foram bons e piedosos.

4. Tenho visto a graça de Deus através da bênção de ter uma *esposa que ora e me apoia*. Minha esposa sempre apoiou meu ministério. Como Cara mencionou, é a esposa do pastor que costuma suportar o fardo de uma emergência repentina ou uma ligação no meio da noite. O modo como a esposa lida com essas realidades afetará intensamente a saúde e o bem-estar da família. Um pastor sábio não ignora a sua esposa, mas reconhece que sua oração e apoio são essenciais, a longo prazo, para a saúde de seu ministério.

5. Finalmente, tenho sido abençoado pelo apoio de *um rebanho bem instruído: a nossa igreja*. Sou abençoado por servir uma igreja que ora fielmente por minha família e me apoia para que eu tenha minha esposa e filhos como prioridade em minha vida. A igreja nunca

se queixa quando dedico noites para estar com nossa família em casa, ou passo algum tempo brincando com meus filhos no campo de futebol, ou quando me afasto das responsabilidades do ministério em férias com a família. Eles deixam minha esposa simplesmente ser minha esposa e não a tratam como um membro não remunerado da equipe. Eles evitam colocar meus filhos em situação de destaque e os protegem das expectativas opressoras, que fazem os filhos de muitos pastores se voltarem contra a igreja.

Estas são apenas algumas das bênçãos da graça de Deus, que me deram a dupla alegria de um pastorado e uma família feliz.

PARTE DOIS
A ESPOSA DO PASTOR

*"Não me lembro de ter dito:
'sim, aceito', quanto a essas coisas!"*

CAPÍTULO 3
A LUTA

{CARA}

A vida de esposa de pastor não tem sido um caminho fácil de trilhar. Houve desafios, frustrações e muita dor ao longo do caminho. Recordo-me de um período de oito mesesquando minha família e nossa igreja sofreram uma tremenda perda. Sepultamos uma querida irmã de nossa igreja que estava para completar 107 anos de vida; perdemos dois de nossos amigos íntimos (um pastor e sua esposa), que foram mortos em um acidente de carro; e, três dias depois, perdemos um de nossos jovens diáconos. Tragicamente, ele também foi morto em um acidente de carro, deixando sua esposa e dois filhos pequenos. Enquanto participávamos do seu funeral, soubemos da morte de outro diácono que serviu fielmente à igreja por mais de cinquenta anos. Sepultamos também um membro fiel da igreja que perdeu a batalha contra o câncer, e depois enterramos um tio meu, que cometeu suicídio. Em apenas oito meses, experimentamos a morte de sete pessoas que amamos

— pessoas chegadas à nossa família e ministério; pessoas de quem cuidamos e que nos serviram e apoiaram. Em meio a tudo isso, duas de minhas amigas mais próximas deixaram nossa igreja (o marido de cada uma dessas irmãs foi chamado para pastorear outra igreja).

Foi muito difícil.

Lidar com os desafios da vida pode ser, em si, algo difícil. Porém, quando você acrescenta a isso os relacionamentos únicos que o pastor e sua esposa desenvolvem com aqueles que ele pastoreia, lidar com a perda e a dor pode ser ainda mais difícil! É uma dificuldade para o marido e é difícil para nós como esposa.

O ministério é um modo de vida que exige que nos dediquemos constantemente aos outros, dando sacrificialmente o nosso tempo, nossos recursos e emoções. É uma vida que exige altruísmo, para servir ao próximo. E se não tomarmos cuidado, isso pode nos deixar vazias, desanimadas e machucadas. Mas há muitas alegrias e recompensas também. Mesmo em meio a desafios e tristezas, vemos a graça de Deus operar, e vemos em primeira mão o incrível milagre do amor de Deus, ao ministrarmos às pessoas sob nosso cuidado e pastoreio.

LIDANDO COM EXPECTATIVAS IRREALISTAS

Claro! Posso trabalhar no berçário e estar no culto ao mesmo tempo.

As igrejas geralmente colocam expectativas irreais nos pastores e nas esposas de pastores. Se você é esposa de pastor, provavelmente já sentiu isso. Às vezes, colocamos essas expectativas em nós mesmas, ou o marido as colocam em nós. Seja como for, precisamos lidar com essas expectativas e reagir de maneira saudável e que honre a Deus.

As pessoas de sua igreja podem esperar que você lidere o ministério infantil, que esteja em todo evento da igreja, participe de todos os cultos, do chá de bebê, funeral, casamento e que abra sua casa 24 horas por dia, sete dias por semana, para fornecer refeições, hospedar missionários e liderar pequenos grupos. Além das expectativas quanto ao ministério e serviço na igreja, há expectativas sobre como escolhemos nos vestir, como criamos nossos filhos e como nos dirigimos ao marido em público. A lista de expectativas é interminável e muda constantemente. Como esposa de pastor, você não pode escapar dessas expectativas e não pode fingir que elas não existem. Então o que você pode fazer? Você deve aprender a enfrentá-las e a lidar com elas.

Uma sábia esposa de pastor me disse, certa vez, que a esposa de pastor é alguém que deve ser vista, mas isso não significa que precisamos "fazer de tudo". Em outras palavras, é importante que a esposa do pastor compartilhe do desejo dele em servir a igreja, mas o serviço dela não pode ser motivado por uma preocupação com o que as outras pessoas pensam. Em vez disso, devemos aprender com a verdade da Palavra de Deus. Costumo ler Tito 2, onde Deus nos dá uma lista das responsabilidades de uma mulher de Deus:

> Quanto às mulheres idosas, semelhantemente, que sejam sérias em seu proceder, não caluniadoras, não escravizadas a muito vinho; sejam mestras do bem, a fim de instruírem as jovens recém-casadas a amarem ao marido e a seus filhos, a serem sensatas, honestas, boas donas de casa, bondosas, sujeitas ao marido, para que a palavra de Deus não seja difamada.
> Tito 2.3-5

Conheço vários livros fantásticos que exploram a vida e o exemplo da mulher descrita em Tito 2, por isso não repetirei o que é dito neles.[1] No entanto, é importante notar que, entre todas as expectativas mencionadas nesta passagem, não há nada que fale quantas horas você precisa servir no berçário ou quantas reuniões você precisa realizar em sua casa. Um aspecto importante de Tito 2 é focar em como uma esposa e mãe pode servir e amar sua família com atitude e sentimentos corretos. Esta passagem também serve de motivação para nossos atos, enfatizando a importância de darmos aos outros um exemplo que honre a Deus ("para que a palavra de Deus não seja difamada"). Não há nada específico sobre o quanto você deve estar envolvida na igreja. Isso significa que qualquer expectativa que você sinta nessa área provavelmente está enraizada em algo que não seja as Escrituras.

É importante que a esposa de pastor considere o seu papel de auxiliadora do marido e como isso afeta a vida dela e de seu marido no lar e no ministério. O melhor a fazer é conversar com o marido e pedir sua sabedoria e orientação nessa área. É isso, senhoras: gostemos ou não, precisamos do marido e de sua liderança sábia nessa área de nossa vida. Precisamos permitir que eles nos liderem e devemos incentivá-los, pedindo sua orientação. Cada casamento e cada chamado ao ministério são únicos e as necessidades de cada marido são únicas, por isso é impossível delinear medidas específicas para sua situação particular. Espero que seu marido conheça os dons e limitações que você tem, e também saiba como seus talentos, personalidade e suas ideias podem ajudá-lo a ministrar na igreja, para a qual vocês foram chamados a servir.

Ao iniciar a conversa, talvez você perceba que seu marido pensa que você consegue fazer mais do que realmente pode. Talvez seja necessário ter algumas conversas sinceras sobre o quanto é custoso receber constantemente pessoas em sua casa e todo o trabalho que isso representa. Mas a questão aqui é que vocês estejam se comunicando sobre essas expectativas. Conforme seu marido passa a entender melhor o que está envolvido no seu planejamento diário, e à medida que você dedica tempo para expressar a ele o que sente, por estar sobrecarregada, você poderá descobrir que as expectativas dele mudarão, para se ajustar às suas necessidades, enquanto ele procura servi-la em amor. E se ele achar que você realmente pode fazer mais, mesmo que você ache que não? Sabem de uma coisa, senhoras? A verdade é que Deus é maior do aquilo que pensamos que podemos fazer! Ao compartilhar suas preocupações sinceras e manifestar que se sente sobrecarregada, você ainda pode sentir-se desafiada a crescer e fazer coisas que não sente vontade de fazer. Esses tempos são grandes lembretes de que é Deus quem nos dá a força e a energia que precisamos, para fazermos o que é necessário ser feito. Pela força de Deus, podemos superar os tempos difíceis, e ele nos garante o descanso que precisamos para realizarmos tudo o que ele dispôs diante de nós.

{BRIAN}

Irmãos, quando sua esposa compartilha suas preocupações e diz que se sente sobrecarregada ao tentar suprir as suas expectativas, ouçam-na. Precisamos estar atentos às pressões que exercemos sobre a esposa. Ao determinar quanto pedir, devemos considerar as pressões únicas que ela enfrenta a cada dia. Os pastores são notórios por ver as necessidades da igreja com mais clareza do que a necessidade de ajuda que tem a nossa própria esposa. Proteja-se contra acumular muita coisa sobre sua esposa. Tire um tempo para entender como é o dia dela. Familiarize-se com o trabalho que ela faz para cuidar da família e ministrar na igreja.

❧

LUTANDO COM A SOLIDÃO
Você quer ser minha amiga? Por que não?!

Eu nunca conheci o presidente dos Estados Unidos. Nós nunca nos falamos. Mas imagino que tenho pelo menos uma coisa em comum com ele (e provavelmente a esposa dele também). Há muitas pessoas que querem nos conhecer, muitos que sentem que nos conhecem, e muitas pessoas que desejam nossos conselhos, mas há um número muito reduzido de pessoas que "sabem" de fato quem realmente somos. O pastor e sua esposa servem aos outros e têm um papel muito público na comunidade, mas seus relacionamentos pessoais podem ser ignorados e negligenciados. Você pode ter pessoas em sua vida que se sentem próximas a você, mas não pode compartilhar com elas o mesmo sentimento de proximidade. Você pode estar ciente de muitos detalhes íntimos da vida deles, mas sua própria vida é um livro fechado para eles.

Quaisquer que sejam as razões por trás disso, é difícil escapar do fato de que ser esposa de pastor pode ser algo muito solitário. Você pode sentir-se sozinha porque sua igreja é pequena e os membros discordam ou não gostam de seu marido. Você pode estar em uma igreja grande, onde todos assumem que você tem muitos amigos. Você pode ser uma mãe que fica em casa em uma igreja cheia de mulheres que trabalham, ou então uma mulher que trabalha em uma igreja cheia de mães que ficam em casa. Talvez você tenha se exposto no passado e foi traída ou ferida, e agora está com medo de ficar vulnerável novamente.

Quando meu marido e eu nos casamos, servimos em uma pequena igreja do país onde meu marido era pastor de jovens. Eu tinha vinte anos e a maioria dos membros da igreja era muito mais velha do que eu (muitos tinham idade suficiente para serem meus pais) ou jovens o suficiente para eu cuidar deles. Desnecessário dizer que parte da minha solidão era devido ao fato de eu ser tão jovem e nova no casamento e no ministério. Eu lutei com a solidão o tempo todo que estivemos lá.

Minha luta com a solidão não melhorou quando nos mudamos para uma nova igreja. Descobri que enfrentávamos obstáculos em todas as igrejas que servíamos. Não importava se meu marido era pastor de jovens, pastor auxiliar ou pastor. De fato, como esposa de um pastor, descobri que algumas mulheres são intimidadas pela minha posição. Algo impede que elas se aproximem de mim, e não tenho certeza de como superar essa barreira.

Lembro-me de um dia em que fui almoçar com uma irmã da igreja. O marido dela estava se preparando para aceitar uma posição de pastor. Ela tinha muitas perguntas para mim. A certa altura, durante nosso tempo juntas, ela comentou que estava surpresa por não ter sido convidada para almoçar em muitas casas. Ela assumiu que as pessoas gostariam de conhecê-la melhor. Eu ri e pedi a ela para adivinhar quantas casas fui convidada para ir almoçar. Ela ficou chocada com a minha resposta. Sua suposição, que considero bastante comum, é que um pastor e sua esposa aceitam regularmente convites para almoços e eventos. Mas a verdade é que não fui convidada para mais do que um punhado de irmãs donas de casa. Isso não é necessariamente verdadeiro para todas as igrejas, e nossa igreja atual é uma exceção notável a essa tendência, cuidando maravilhosamente de nossa família e de mim, individualmente. Ainda assim, minha experiência me ensinou que, se eu me sentar e esperar que outros tomem a iniciativa de construir relacionamentos, continuarei muito sozinha.

Eu não sou extrovertida. Eu ficaria perfeitamente contente sentada no canto do salão de culto, observando os outros. E o fato de eu ser introvertida dificulta ainda mais a amizade com as mulheres de nossa igreja. Mas, como esposa de pastor, aprendi que preciso dar o primeiro passo e me aproximar das mulheres em nossa igreja. Devo ser deliberada ao criar relacionamentos e me esforçar para mantê-los.

    Também precisamos clamar a Deus. Nossa solidão pode ser autoinfligida, mas também pode ser verdade que Deus ainda não nos forneceu uma amizade para esse momento da nossa vida. Devemos aprender a nos contentar com a graça que Deus nos dá e a aprofundar nosso relacionamento com Deus durante nossos tempos de solidão. A verdade é que ele é um companheiro íntimo, um amigo perfeito e alguém que se aproxima mais do que um irmão. Deus é totalmente compassivo, onisciente e todo presente. Se Cristo não é suficiente para nós, nenhum relacionamento na terra será capaz de satisfazer nossa necessidade.

    Finalmente, devemos ser pacientes. Amizades profundas e duradouras não são construídas da noite para o dia. Exigem tempo e investimento. Precisam de paciência, honestidade, vulnerabilidade e perdão. E você pode não ter muitas delas. Não é incomum ter apenas um ou dois amigos muito próximos. Precisamos reconhecer essas amizades como um presente gentil de Deus, agradecendo-lhe, mesmo que seja apenas por aquela pessoa que ele nos forneceu, em vez de lamentar por nossa falta de relacionamentos íntimos.

NEGLIGENCIADA, MAS OBSERVADA
Ser invisível – a menos que haja um problema!

Brian e eu estávamos em nossa igreja atual por apenas alguns meses. Certa manhã de domingo, durante a saudação, um diácono veio até mim e apontou para a esposa do pastor auxiliar. "Carla", disse ele, "qual é o nome dessa senhora? Não quero errar". Caso você tenha perdido a ironia da pergunta dele, meu nome não é Carla – é Cara! Um erro honesto, com certeza; no entanto, mesmo que eu possa rir agora, na época seu erro foi muito prejudicial para mim. Meu marido pastoreava a igreja há vários meses e um dos principais líderes da igreja ainda não sabia o meu nome. Eu me senti esquecida e sem importância. (Para constar, esse diácono sabe meu nome agora e me cumprimenta calorosamente todos os domingos de manhã.)

Ser ignorada e sentir-se sem importância andam de mãos dadas com a luta que a esposa de um pastor tem com a solidão. Seu papel como esposa é vivido à sombra de seu marido. Você é vista por muitos, mas ao mesmo tempo você é invisível. Sempre que cumprimento alguém que é novo em nossa igreja, passa por minha cabeça se devo informar que sou a esposa do pastor. Não é que eu tenha vergonha ou fique constrangida

– longe disso! Mas eu sei que uma vez que eles saibam quem é meu marido, *quem eu sou* será secundário. Há momentos que desejo que eles me conheçam primeiro como Cara, uma pessoa única, e depois como Cara, a esposa do pastor.

Para aquelas de nós que são esposa de pastor, os ministérios do marido são públicos e visíveis. Eles estão na frente do povo, pregando e ensinando. Enquanto isso acontece, muitas vezes estamos no berçário ou sentadas nos bancos, tentando manter nossos filhos calados. Enquanto o marido sai para se encontrar e fazer amizade com outros membros da igreja, geralmente ficamos presas em casa com crianças doentes! Nossas necessidades e nossas contribuições para a família e a igreja tendem a ser ignoradas. Às vezes, hesitamos em deixar as pessoas saberem que temos necessidades urgentes.

Dificilmente ouvirei (se é que já ouvi!) um membro da igreja me agradecer por cuidar de minha família, para que meu marido esteja livre e disponível para ministrar a outras pessoas. Ironicamente, estamos mais propensos a ouvir todos os assuntos que as pessoas querem que comuniquemos ao marido. Sempre que há uma crítica, somos repentinamente notadas, como se tivéssemos qualquer controle sobre o tópico em questão! De repente, podemos deixar de ficar invisíveis e parecer que estamos vivendo sob um microscópio. Lembro-me de quando nossa terceira filha nasceu. Estávamos na igreja há seis meses, e eu era uma mãe que cuidava de duas crianças, uma com quatro anos e outra com dois. Frequentemente, eu precisava me levantar durante o culto para alimentar o bebê, e várias pessoas me criticaram por fazer isso. Aprendi da maneira mais difícil que tudo o que eu fazia era visto e notado pelos membros da igreja – eles estavam claramente me observando, mas minhas necessidades pessoais permaneciam invisíveis e não atendidas.

Não existe uma solução simples para essa tensão de ter todas as ações vistas pelos outros, enquanto suas necessidades pessoais permanecem invisíveis. A melhor solução é lembrar que não servimos para receber aprovação ou louvor humano (Gálatas 1.10). Além disso, precisamos começar a falar e comunicar nossas necessidades aos outros. Honestamente, sou péssima nisso. Costumo pensar que posso fazer tudo sozinha. Sempre que caio nessa forma de viver, Deus rapidamente me lembra de que não posso fazer tudo sozinha. Sou relembrada de que preciso dele em primeiro lugar, e que também preciso dos outros. Isso significa que estamos dispostas a falar e nos expressar, quando necessário. A esposa de um pastor precisa dar exemplo para as mulheres na igreja, mostrando às outras que não somos autossuficientes. Devemos aprender a nos humilhar e pedir ajuda.

Isso pode ser algo tão simples quanto pedir a alguém para orar por nós. Enquanto escrevíamos este livro, um amigo íntimo perguntou a quantas pessoas pedimos para orar por nós e por nosso projeto de escrever. Eu me senti imediatamente culpada, por não ter pedido a uma única pessoa para orar por mim. Eu estava confiando em mim mesma, fazendo tudo sozinha. O lembrete dele era gentil e firme, e era necessário. Isso me ajudou a pensar em minhas necessidades e a identificar aqueles que eu deveria estar pedindo para me apoiar em oração. Se não divulgamos nossas necessidades a outras pessoas, não podemos esperar que elas nos ajudem.

APRENDENDO A LIDAR COM AS CRÍTICAS
Você está falando comigo?

Lidar com as críticas tem sido um dos meus maiores desafios. Mas não é difícil quando fazem críticas a mim, o difícil é quando criticam meu marido e meus filhos. É muito difícil para uma esposa ver o marido se dedicando fielmente na preparação do sermão, e depois apenas ouvir vários membros da igreja dizerem a ele (ou mencionarem a você) que ele prega longo demais. Dói vê-lo orando e jejuando por decisões importantes e depois ouvir de alguém que eles não confiam em sua liderança e sentem que ele está levando a igreja na direção errada. Parece uma traição quando, depois de vê-lo investir inúmeras horas em discipular um jovem, essa pessoa então questiona se seu marido deveria ou não estar no ministério. Infelizmente, esses não são apenas exemplos que inventei. Tudo isso aconteceu em algum momento no ministério pastoral de Brian.

Quando o marido se desanima, precisamos ajudá-lo a se recompor. É um trabalho extremamente importante: ajudá-lo a examinar as críticas para ver se há alguma verdade nas acusações, fornecendo uma perspectiva equilibrada e encorajando-o a procurar perdoar e amar as pessoas novamente. A esposa de pastor desempenha um papel essencial nesses momentos cruciais. Conheço esposas que influenciaram muito as respostas de seu marido às críticas, positiva ou negativamente. A esposa pode incentivar o marido a responder com gentileza, humildade, piedade e perdão, ou pode influenciar o marido a desenvolver amargura, raiva, ódio, orgulho e vingança. A maneira como a esposa reage ao marido exige oração, muita sabedoria e extrema cautela. Para algumas isso significa aprender a guardar a língua, tendo tempo para desenvolver um espírito humilde e perdoador.

Uma das tentações mais comuns que você enfrentará será a de levar tudo para o lado pessoal. Podemos facilmente ficar cegas e esquecer que precisamos filtrar o que é falado. Algumas das conversas mais difíceis que tive com meu marido foram centradas em ajudá-lo a resolver as críticas. Geralmente há um pouco de verdade em alguma parte da crítica, algo que nós dois podemos aprender. Não queremos perder essas ocasiões de aprender e crescer, e não queremos que o marido negligencie as oportunidades de desenvolver meios que o torne melhor pastor. Em vez de procurar justificar a reação do marido, a esposa precisa incentivá-lo e reconhecer suas habilidades de liderança dadas por Deus. Ela precisa bendizê-lo pela maneira como ele lidera fielmente e exerce um bom pastoreio. Precisa incentivá-lo a buscar a Deus e aprender com qualquer crítica válida que possa levar a mudanças, e resistir àquelas que são ataques pessoais.

Uma vez, uma experiente esposa de pastor me deu alguns conselhos. Ela disse que devemos sempre lembrar que nossa batalha não é contra carne e sangue – é uma batalha espiritual. Muitas vezes me lembro dessa verdade, quando atravesso intensa temporada de dificuldades e críticas. Saber qual é a verdadeira batalha me deu a capacidade de perdoar as ofensas dos outros e de lembrar o quadro geral: que não estamos apenas buscando ganhar argumentos ou provar que estamos certas; estamos travando uma batalha espiritual em favor do coração e da mente das pessoas.

Precisamos estar cientes do quanto podemos suportar, e depois comunicar isso claramente ao marido. Lembro-me de alguns anos do início do ministério, quando tivemos algumas reuniões com membros particularmente cruéis. Achei difícil participar dessas reuniões e não dizer uma palavra. Nossos filhos também estavam ficando com idade suficiente para entender um pouco do que estava acontecendo. Para proteger a mim e aos meus filhos, comecei a trabalhar no berçário durante essas reuniões. Descobri que não ir à reunião e depois conversar com meu marido era muito mais fácil, e não fiquei tão carregada emocionalmente. Isso me ajudou a ser uma ouvinte mais útil e objetiva para ele. A chave é conhecer a si mesma – quais são suas áreas de fraqueza e com o que você pode ou não pode lidar.

{BRIAN}
Pastores, nós arranjamos um grande problema no processo de filtrar as críticas, quando não ouvimos a esposa. Sua esposa pode ser seu maior bem quanto a ajudá-lo a aprender e crescer em tempos difíceis, se você apenas ouvi-la e lhe der liberdade para falar sinceramente com você.

UMA PROGRAMAÇÃO EXIGENTE
Há um churrasco na igreja, neste fim de semana?! Por que você não mencionou isso na semana passada?

O pai do meu marido é médico de família e, durante vários anos, trabalhei na clínica dele. Esse trabalho me ajudou a entender a agenda ocupada que ele e seus colegas tinham como médicos. Com frequência, eles tinham de ficar no hospital por horas, antes da abertura do consultório, e passavam inúmeras horas ali depois que o consultório fechava, dando retorno às chamadas e fazendo atendimento de emergência a pacientes. As férias eram poucas e distantes umas das outras. Não havia horas "normais" para eles. Precisaram fazer sacrifícios em sua vida pessoal para cuidar de seus pacientes, e fizeram isso sem reclamar. Eles sabiam que essa era a vida que haviam escolhido, e seus pacientes eram gratos por seus sacrifícios.

Eu descobri que a vida no ministério pastoral de tempo integral não é muito diferente da vida na medicina. Meu médico de família e eu sempre nos lamentamos, quando mencionamos as semelhanças entre nossa vida e os horários familiares caóticos que administramos. A verdade é que a maioria dos membros da igreja só vê o meu marido pregando nas manhãs de domingo (ou possivelmente à noite) e depois ensinando novamente nas noites de quarta-feira. Mas sabemos que há mais em ser pastor do que ensinar e pregar algumas vezes por semana! Sabemos que eles passam muitas horas preparando sermões e lições. Conhecemos as pessoas que querem encontrar o pastor para aconselhamento ou um café. Sabemos das ligações que recebem no meio da noite. Eu gostaria de poder contar o número de vezes que ouvi alguém dizer: "Pastor, eu sei que este é o seu dia de folga, mas..."

Os pastores realmente não têm um "dia de folga". A verdade que ninguém diz, mas todos sabem, é que não há horas "normais" para a família do pastor. Claro, tentamos ter uma programação regular, mas a realidade é que a vida não segue uma programação regular. Você já tentou planejar a ida de uma pessoa à sala de emergência, ou que ela sofra um acidente de carro, o horário do nascimento de um bebê, ou alguém ter uma crise conjugal?

Visto que é praticamente impossível prever e planejar um cronograma regular, o que você pode fazer para manter alguma aparência da vida familiar normal? Primeiro, e mais importante, tente ser gentil quando seu marido tiver de atender as necessidades dos outros. São muitas as noites que, depois de chegar em casa após um longo dia escrevendo sermões e aconselhando pessoas, o telefone toca e meu marido precisa ir ao hospital ou visitar alguém em necessidade. Ele não escolhe isso! Acredite, ele preferiria ficar em casa e aproveitar o tempo com a família. De fato, ele prefere dar banho nas crianças ou levar o cachorro para passear, mas também sabe que a igreja precisa dele – e precisam agora! Ele ama profundamente o nosso povo, e o Senhor sempre lhe dá forças para ministrar a eles.

Quando essas situações de crise ocorrem, tenho uma escolha a fazer. Posso optar por conceder a ele graciosamente a liberdade de ministrar, ou posso ficar amargurada e zangada por ter de desistir do meu tempo com meu marido e cuidar dos filhos sozinha. Eu nem sempre reajo perfeitamente nesses momentos. Algumas noites eu me assento sozinha e me sinto muito só, porque não vi nem conversei com meu marido o dia inteiro. Mas acho útil lembrar que isso também não é ideal para ele. Nós dois fomos chamados para essa vida. Estar disponível para servir os necessitados é um aspecto inerente ao ministério pastoral.

Então, comecemos por reconhecer que há um certo desconforto e dor em ser esposa de pastor. É por isso que precisamos ser gentis e compreensivas. Mas devemos também lembrar o marido sobre nossas necessidades e as necessidades das crianças. Os pastores lutam para equilibrar suas prioridades e, às vezes, podem cair em padrões que refletem prioridades equivocadas. Hábitos e ídolos pecaminosos às vezes levam o pastor a concentrar muito de seu tempo e energia nas necessidades da igreja, a ponto de negligenciar a sua família. Como esposa de pastor, devemos informá-lo, em espírito de oração e graça, sobre nossas necessidades e dar a ele maneiras específicas de cuidar de nós. Podemos ajudar com horários razoáveis e gerenciáveis para a família.

Lembro-me de ter perguntado à esposa de um pastor que serviu por mais de quarenta anos no ministério: "Ao pensar nas lutas que as esposas de pastores enfrentam em seu casamento e ministério, qual é a maior luta que você vê hoje?" Sua resposta me surpreendeu. Ela achava que, comparado às gerações anteriores, os homens de hoje tendem a ser mais ajudadores em casa e mais envolvidos com os filhos, mas as esposas parecem ter expectativas ainda mais altas! Levei a sério sua avaliação honesta e vi minha própria geração refletida em suas palavras. À luz de suas palavras, ofereço-lhe algumas sugestões a serem consideradas antes de você abordar seu marido para falar sobre os "horários".

Comece avaliando algumas coisas. Primeiro, o que estou pedindo ao meu marido é razoável? Segundo, existe outra maneira de realizar o que desejo, sem que tenha de perguntar ao meu marido? Terceiro, é isso que é mais útil para a nossa família? Quarto, a forma como estamos gastando nosso tempo agora está honrando a Deus? É essencial que você converse com seu marido sobre o que é mais realista para sua agenda familiar. Converse sobre quantas pessoas costumam visitar sua casa em um mês. Fale sobre quanto tempo de férias ele tira e quando pode ter um tempo programado com a família. E, acima de tudo, verifique se seus pedidos são razoáveis e realistas.

CONFIDENCIALIDADE É IMPORTANTE
Eles disseram o que para quem?

Você não precisa saber tudo o que seu marido faz em seu trabalho e ministério. De fato, há muitas coisas que ele não deve compartilhar com você para proteger a confidência de outras pessoas. Não é da nossa conta conhecer os erros de cada membro da igreja, nem é nosso trabalho estarmos envolvidas em oferecer conselhos para todas as situações. No entanto, haverá momentos em que o marido precisará compartilhar as coisas conosco, ocasião em que buscará nossas opiniões sobre como aconselhar um membro em particular. Nossas experiências de vida podem nos tornar especialmente adequadas para ajudar outro membro da igreja. Porém, quando detalhes confidenciais são compartilhados e nossa opinião é solicitada, precisamos dar conselhos com muito receio e tremor. À medida que nosso conhecimento dos outros aumenta, também aumenta a tentação de compartilhar essas informações com outras pessoas.

Sei que nem toda mulher é tentada a fofocar, mas, pelo menos, devemos estar cientes de que o aviso bíblico para as mulheres mais velhas de não serem "fofoqueiras maliciosas" (Tito 2.3) existe por uma boa razão! Quer sejamos jovens ou velhas, precisamos ser determinadas sobre a guarda de nossa língua. Não devemos exigir do marido informações que ele não tem a liberdade de nos dizer. Mesmo que os maridos sejam livres para compartilhar, devemos confiar no julgamento deles. Meu marido é muito cauteloso com as informações que compartilha comigo, principalmente se envolver outros homens em nossa igreja. Por exemplo, não é necessário nem útil que eu saiba quais homens em nossa igreja estão enfrentando o problema da pornografia. Pode até ser prejudicial. Se exijo que meu marido compartilhe o que sabe, coloco-o em uma posição difícil. Em alguns casos, o compartilhamento de informações comigo pode constituir uma violação da confidencialidade e também pode ter consequências legais.

A verdade é que podemos não ser capazes de lidar com todas as informações compartilhadas. O marido deve confiar que não vamos nos virar e contar à nossa melhor amiga tudo o que nos foi dito. Compartilhar qualquer informação confidencial, mesmo como um pedido de oração, ainda é uma quebra de confiança, uma forma de fofoca pecaminosa. Se não podemos ser confiáveis em informações confidenciais, não devemos receber essas informações. Se a esposa de um pastor deseja se envolver em dar conselhos ao marido, ela deve procurar desenvolver controle sobre a língua e evitar fofocas.

É sempre útil que o pastor compartilhe informações com sua esposa? Meu marido me envolveu em várias situações de aconselhamento com mulheres em nossa igreja, tanto como proteção para ele quanto porque, em algumas situações, posso me relacionar e entender o que está acontecendo melhor do que ele. Ele tem sido muito deliberado sobre reuniões com mulheres, estabelecendo um padrão em que ele não tem encontros sozinho com mulheres. Por causa disso, acredito que meu marido evita situações comprometedoras e ele sempre é rápido em me envolver, se parecer que pode haver até um indício de incerteza ou algo questionável. Ele também sabe que pode confiar em mim nessas situações e, mais importante, as pessoas da nossa igreja sabem que eu sou confiável. Quando solicitada, tenho certeza de que não compartilharei nenhuma informação sem receber permissão dessa pessoa, e geralmente nem peço para compartilhar informações, a menos que perceba um bom motivo para que elas queiram compartilhar. Como esposas de líderes da igreja, nossas ações podem ter graves consequências.

{BRIAN}

Pastores, devemos liderar bem a esposa, para obtermos dela um equilíbrio que produza frutos, quando se trata de compartilhar informações. Se nos desviarmos demais para um lado, estaremos mantendo nosso coração longe da esposa e cortando-as de nosso círculo de confiança; se nos desviarmos demais para o outro lado, elas poderão se sentir presas a situações nas quais elas não podem se expressar ou que não têm recursos para fazê-lo. A coisa mais importante a ser lembrada na busca desse equilíbrio é que ela é sua esposa, não uma colega de pastorado. Inclua-a para o benefício dela mesma e de outras pessoas, mas ela não é chamada nem obrigada a carregar os mesmos fardos que você.

※

VOCÊ NÃO PRECISA SER UMA GRANDE TEÓLOGA

"A reforma necessária de um puritano escatologicamente santificado." Sim, eu sei que isso não faz sentido – e esse é o meu ponto!

Ocasionalmente, começo a suar frio durante uma classe de escola dominical, quando uma pergunta é dirigida a mim. Pode ser uma pergunta sobre um sermão que, por mais que me esforce, não consigo me lembrar. Às vezes, é uma questão teológica que contém palavras com tantas sílabas que a pessoa parece estar perguntando em uma língua estrangeira. Confesso que nem sempre entendo as conversas de nossos alunos do seminário, nem entendo todas as suas piadas. Mas eles pensam que eu entendo. Dou risada com eles, mas penso comigo: "Não tenho a mínima ideia do que ele acabou de dizer".

É importante que as mulheres estejam firmadas na Bíblia e aprendendo as Escrituras. Precisamos estudar a Palavra de Deus, mas não precisamos ser grandes teólogas só porque somos casadas com um pastor. Se você tem um forte desejo de estudar, eu a abençoo e encorajo a isso. Aprenda o quadro geral das Escrituras. Conheça o evangelho. Estudar teologia é importante, mas conhecer e compreender os jargões da teologia não importa tanto. Talvez eu seja a primeira a admitir que prefiro ler *Orgulho e Preconceito*, de Jane Austen, do que *Teologia Sistemática* de Wayne Grudem, ou *As Falácias Exegéticas* de D. A. Carson. Enquanto estou lendo na cama à noite e imersa no mundo do personagem de Sr. Darcy, meu marido está tentando decifrar as implicações teológicas do Holocausto e considerando o problema do mal.

Por alguma razão, as pessoas em nossa igreja tendem a assumir que se meu marido sabe a resposta teológica para uma pergunta, então eu devo saber também. Mas a verdade é que algumas mulheres em nossa igreja têm muito mais conhecimento sobre assuntos teológicos do que eu.

Então, o que você faz quando alguém lhe pergunta: "Como é formada a sua soteriologia, a partir de suas convicções sobre a doutrina da predestinação?" Eu vou dizer o que eu faria. Eu olharia nos olhos da pessoa, cruzaria os braços e diria: "No hablo seminarês!" É sério! Admitir que nem sempre sabemos a resposta é mais do que aceitável. É inteiramente apropriado deixar ao seu marido e aos outros pastores as questões mais profundas da teologia. É preciso humildade para admitir que não sabemos algo. Reconhecer que não sabemos tudo nos torna humanas, acessíveis e muito menos intimidadoras. Quando digo a uma mulher: "Não sei, vamos perguntar ao Brian sobre isso", muitas vezes a vejo suspirar de alívio. É quase como se ela estivesse aliviada por descobrir que não é tão estúpida quanto se sente, e que não é a única a não compreender algo.

Ao mesmo tempo, embora devamos admitir que não sabemos tudo, também devemos querer estudar e buscar uma resposta. Não podemos ficar intimidadas pelo mundo da teologia, a ponto de não nos envolvermos com ele. No processo de estudo, inevitavelmente acabaremos aprendendo e crescendo. Podemos acabar aprendendo um pouco daquele linguajar e passarmos a gostar do mundo da argumentação teológica.

EVITE OS ESTEREÓTIPOS

Não, eu não sei tocar piano, nem trançar cestos de vime. Quando Brian me disse que queria ser um pastor, eu realmente lutei com a ideia. Não porque eu duvidava de seus dons ou de seu chamado; era porque eu não achava que me encaixasse no estereótipo de uma esposa de pastor. Eu entendia que de *maneira alguma* Deus jamais iria querer que eu estivesse nesse papel. Eu presumia que a esposa de pastor era uma mulher que tocava o piano todos os domingos, cantava no coro, dirigia a Escola Bíblica de Férias, sabia trançar cestos de vime e costurar lindas colchas de retalho. E eu não sabia fazer nenhuma dessas coisas. Já tentei costurar uma vez. Eu estava determinada a fazer cortinas para a nossa sala de jantar. Então escolhi os tecidos perfeitos e encontrei uma mulher que concordou em me ensinar a costurá-los. Após duas horas no projeto, ela me designou o trabalho de passar os panos. Ela percebeu logo que eu não possuía dons na área de costura, mas que poderia fazer um bom serviço como passadeira.

A verdade é que todos temos ideias preconcebidas, algumas positivas e outras negativas, sobre como deveria ser uma esposa de pastor. Essas ideias se nutrem das expectativas que nós mesmas nos impomos, e também daquelas que são colocadas sobre nós pela igreja. Precisamos lembrar que cada ministério é único e cada casamento também é único, e que Deus nos dotou de forma única para a posição e função que ocupamos.

Deus não nos coloca em alguma posição sem que nos capacite para desempenhar o papel para o qual ele nos chamou. Ele promete nos dar ajuda nos momentos de necessidade (Hebreus 4.16). Eu sei que Deus me deu a capacidade de ser a esposa que meu marido precisa que eu seja. Sei que Deus me dotou para suprir as necessidades de nossa igreja de uma forma que é peculiar à minha maneira de ser.

A maneira como Deus dotou a mim pode ser muito diferente da forma como Ele dotou a você. E isto é ótimo. Cada um de nós é chamado para servir no papel em que Deus nos colocou.

Além do mais, estamos em diferentes estágios da vida, e nossa capacidade e disponibilidade para servir podem mudar, à medida que envelhecemos. Agora que nosso filho mais novo tem cinco anos, posso fazer coisas que não podia fazer quando tínhamos crianças abaixo dessa idade. E quando eu tiver nosso ninho vazio e nossos filhos se forem de nossa casa, eu conseguirei fazer coisas que não posso fazer agora. Nosso ministério mudará com o tempo, conforme passarmos por diferentes fases de nossa vida. Os ministérios de duas diferentes esposas de pastor jamais serão iguais.

Costurar para um ministério da igreja ou assar um pão para os irmãos podem ser maneiras maravilhosas de servir a sua igreja, mas você não tem que saber costurar ou assar para ser esposa de um pastor frutífero. Pode ser que você tenha o dom de tocar piano e cantar no coral, e eu o dom de liderar um pequeno grupo. Somos mais do que um estereótipo; somos mulheres únicas de Deus, com dons distintos para o marido que temos e para nossas igrejas.

LUTE A BATALHA ESPIRITUAL

Por vezes eu penso que necessito de alguma proteção corporal – mas o que realmente preciso é da armadura de Deus!

Anteriormente, compartilhei conselhos úteis de uma esposa de pastor experiente, um lembrete de que nossa batalha é contra mais do que apenas carne e sangue.

Lutamos uma batalha espiritual e, quanto mais tempo estivermos no ministério, mais intensamente sentiremos essa batalha ao nosso redor. É uma luta implacável, que continua dia e noite. E é muito real. Estamos envolvidas em fazer um trabalho de mudança de vidas, com implicações eternas. Somos responsáveis por encorajar pessoas a buscar a Deus em todos os aspectos da sua vida. Devemos combater mensagens negativas e ataques do próprio Satanás, e ele não fica feliz com isso. Ignorar a batalha é o mesmo que passar pela vida enxergando pela metade. Há momentos em que vejo a batalha claramente. Talvez haja conflitos em nossa igreja; ninguém parece se dar bem; casamentos estão desmoronando; estamos sobrecarregados e desanimados. Em tempos como esses, Satanás nos tenta, questionando se realmente queremos estar nessa posição, se o trabalho vale a pena e se alguma coisa realmente importa.

Eu luto muito com a depressão. No final deste livro, eu incluí uma pequena nota relatando algumas das minhas dificuldades, mas por agora deixe-me apenas dizer que a batalha mental que travo diariamente é desanimadora e exaustiva. Reconheço que parte dessa batalha é o resultado de Satanás me atingir nas coisas em que sou mais vulnerável. Devido aos constantes ataques de Satanás, eu tenho que conhecer bem minhas fraquezas e de forma proativa buscar a Deus e sua Palavra, para combater esses pensamentos.

Como esposa de pastor, você deve estar alerta. Você precisa conhecer a si mesma o suficiente para saber onde é vulnerável e tomar medidas para colocar sua armadura e lutar. Também, você precisa conhecer o seu marido bem o suficiente, para saber onde ele é vulnerável, a fim de orar diariamente por ele, por você e por seus filhos. Você precisa estar firmada na Palavra de Deus e se alimentar dela. Outra coisa que você deve fazer é incluir outros na batalha. Alguns dos meus maiores aliados têm sido meu marido e minhas amigas. Eles me relembram de que minhas lutas não são apenas contra a carne, mas contra o próprio Satanás. Eles também são aqueles que se unem a mim na oração por minha família e por mim mesma.

{BRIAN}

Para o pastor e sua família, a batalha espiritual contra o Inimigo é intensa. As linhas de frente do ministério do evangelho são um convite ao ataque. Eu sei disso, e você também. No entanto, tenho uma confissão a fazer: muitas vezes me esqueço disso! Não apenas esqueço a batalha espiritual; eu cegamente concluo que as lutas e desânimos que experimento resultam de qualquer outra coisa, menos do ataque do Inimigo. Essa negação cria dois desafios: ela me impede de discernir o que está acontecendo quando sou atacado e de saber qual a melhor forma de enfrentar a luta; também, limita minha capacidade de liderar e pastorear a minha família durante esses ataques. A melhor maneira de lidar com esses intensos ataques é lembrar que eles existem e se preparar com antecedência. Lembre-se de que o Inimigo anda ao redor, como um leão à procura de alguém para devorar. Nenhum cristão jamais estará isento desses ataques. Quanto mais, então, isso é verdade em relação ao pastor! Ainda assim, devemos lembrar que maior é aquele que está em nós do que aquele que está no mundo. O poder de Cristo está presente e disponível para aqueles que tomarem a plena armadura de Deus e batalhar, sabendo que a vitória é nossa, em Cristo Jesus.

❦

Não podemos entrar nessa batalha desarmados, mas muitas de nós o fazemos. Tendemos a ser reativas em vez de proativas. Um jogo não pode ser ganho apenas na defensiva! Mas há boas notícias para nós: não estamos sozinhas nessa batalha. Na verdade, a batalha já foi ganha por nós, através da cruz e da ressurreição de Cristo. Embora participemos da batalha, lutamos contra um inimigo que já foi derrotado.

AS ALEGRIAS DE SER ESPOSA DE PASTOR

A maior parte deste capítulo foi dedicada à luta de ser esposa de pastor. Mas eu não quero parar aí, pois esse papel tem muitas alegrias também. Quais são algumas delas?

Em primeiro lugar, somos casadas com um pastor! Sim, eu sei que isso pode parecer óbvio, mas pode trazer imensa alegria. Somos casadas com alguém que é duplamente responsável por cuidar de nossa alma, e temos a alegria e a bênção de ministrar a um dos servos escolhidos de Deus de uma forma única e pessoal. Nós providenciamos um lugar de refúgio e descanso para esse homem de Deus. Nós podemos encorajá-lo em seu trabalho, ganharmos com seu conhecimento e experimentarmos de seu cuidado em primeira mão. Nós o encorajamos com nossas palavras e somos fisicamente íntimas a ele. Não subestime as tentações que os pastores enfrentam, quanto a mulheres adúlteras. Satanás sabe que não há caminho mais rápido para arruinar um ministério frutífero de um pastor do que o caminho da infidelidade. Nós ajudamos a fornecer proteção contra esse pecado, ao estarmos disponíveis mental, emocional e fisicamente para o marido.

Temos o privilégio de servir ao servo. Saber que posso cuidar de meu marido me traz alegria. Eu sei que meu marido não pode entrar na casa de um membro da igreja e fazer dela um lugar de refúgio e descanso – apenas eu posso providenciar esse lugar para ele. Embora outros possam se simpatizar com sua agenda insana, eu compartilho dos mesmos desafios, porque os vivemos juntos. Nem sempre isso parece ser uma alegria, mas há um prazer único em compartilhar as dificuldades do ministério. Parte da alegria está em saber que meu papel de servir ao meu marido é único. Nenhuma outra pessoa pode preenchê-lo.

{BRIAN}

Pastores, vocês precisam reconhecer que a mulher que dorme ao seu lado todas as noites e compartilha de sua vida é aquela a quem Deus, em sua bondosa providência, indicou como sua esposa e companheira em seu ministério. Incentive sua esposa a assumir esse papel. Isso não vai contribuir apenas para o regozijo dela nessa tarefa, mas também para o seu.

※

Em segundo lugar, temos a alegria de fazer pequenas coisas que têm grande significado para outros em nossa igreja. Por exemplo, recentemente dei uma carona a uma de nossas congregantes mais idosas até sua casa, na volta de um casamento. Eu havia sido solicitada a tirar fotos do casal em seu dia especial. Essa irmã, membro de nossa igreja, havia encontrado uma maneira de chegar ao casamento e queria ficar para a recepção, mas não tinha como voltar para casa. Já que planejei estar na recepção, eu a convidei para voltar para casa comigo. Eu realmente não pensei muito sobre isso; não foi um grande sacrifício da minha parte. No dia seguinte, na igreja, ela me disse o quanto apreciou passar uma hora comigo. Seu comentário foi: "Muitas das pessoas jovens têm sua atenção no domingo, e foi bom conseguir passar esse tempo com você". Suas palavras foram um bom lembrete de que, mesmo nas pequenas coisas, a esposa do pastor pode ser uma bênção para a igreja. Você pode achar que o envio de um cartão não é algo significativo, mas o fato de vir de você tem um peso extra. A esposa de pastor pode ter uma influência positiva sobre as pessoas na igreja, e notá-las irá ajudar a se sentirem encorajadas e amadas. Fazer isso não envolve muito trabalho – pequenos toques têm um longo alcance!

Terceiro, temos a oportunidade de ensinar aos nossos filhos o que significa cuidar das pessoas de forma sacrificial. Eles estão observando como reagimos quando o pastor, meu marido, é solicitado por outros, como nós respondemos às críticas e como cuidamos de famílias feridas e enlutadas. Eles estão aprendendo como visitar pessoas no hospital e como Deus nos sustenta em todas essas coisas. Nossos filhos têm seis, nove, onze e treze anos no momento, e eles amam a nossa igreja. Eles amam as pessoas da igreja, amam estar na igreja e sentem falta das famílias da igreja quando estamos fora. Sou muito grata por isso! No entanto, essa bênção não aconteceu sem algum cultivo intencional de nossa parte (falarei mais sobre isso depois).

Finalmente, temos um assento na primeira fila dos acontecimentos que Deus está realizando. Podemos ver em primeira mão as maravilhas que Deus opera entre seu povo. Experimentamos as respostas de Deus às orações, transmitimos seu conforto e sabedoria e somos usadas por Deus como seus instrumentos. Se tais fatos não nos alegrarem, eu não sei o que mais nos alegrará!

A vida ministerial não é fácil, mas nem sempre é um sacrifício e um fardo. Devemos nos lembrar das alegrias e das bênçãos, especialmente quando enfrentamos desafios e dificuldades.

Termino com um lembrete e um incentivo. Lembre-se de que Deus não a colocou nessa posição acidentalmente. Ele escolheu você para estar em sua igreja atual, com seu marido, fazendo as coisas que você está fazendo. Saiba que você está exatamente onde Deus deseja que você esteja, quer se sinta hoje qualificada ou não. Aceite e ame essa verdade. Confie que Deus está usando você como esposa de pastor, segundo os propósitos dele e para glória dele.

QUESTÕES PARA DISCUTIR

Para o pastor perguntar à esposa
1. Você consegue identificar uma área em nossa igreja onde gostaria de servir?
2. Quantas pessoas estão orando por você e seu ministério? Quem está lutando essa batalha junto com você?
3. Como você está lidando com nossa agenda e com outras demandas, e quais mudanças nossa família precisa fazer para você lidar melhor com isso?
4. Qual é a maior alegria que você tem experimentado no papel de esposa de pastor?

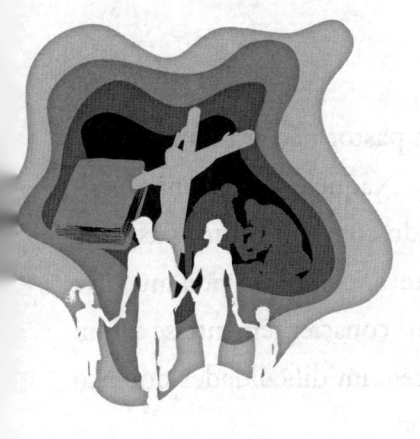

CAPÍTULO 4
CUIDANDO DE SUA ESPOSA

{BRIAN}

Em uma manhã fria e clara, três dias depois do Natal, minha linda noiva estava diante de mim, diante de centenas de familiares e amigos íntimos. Nossa cerimônia de casamento incluiu o clássico voto matrimonial: "até que a morte nos separe". Cara e eu nos comprometemos a "ter e apoiar" um ao outro daquele dia em diante, e fazê-lo "na alegria ou na dor". Comprometemo-nos a estar juntos "na riqueza ou na pobreza, na saúde e na doença". Assumimos o compromisso de nos amar e respeitar um ao outro, para o resto de nossa vida juntos. Fizemos muitos votos um ao outro perante Deus e diante daqueles que estavam reunidos ali.

Embora minha esposa quisesse de fato expressar cada palavra que disse em seu compromisso comigo naquele dia, mais tarde ao refletir sobre isso veio a entender que muitas das tensões, pressões e demandas únicas de se casar com um pastor não eram uma parte explícita de nossos votos. Naquele dia ela não assimilou que estava se casando com um futuro pastor, e certamente não poderia prever como sua vida mudaria tanto. Mesmo mulheres que conscientemente se casam com um pastor ainda enfrentam dificuldades que não imaginavam que enfrentariam.

No capítulo anterior, Cara compartilhou como os desafios do ministério geralmente afetam o coração e a mente da esposa de pastor. Esses desafios podem levar ao desânimo, perda de identidade, ressentimentos contra a igreja e grande temor pelo que os outros possam pensar. Isso para citar apenas algumas coisas! O pastor e esposa compartilham uma solução comum para essas pressões e demandas – o poder do evangelho de Jesus Cristo.

APRENDENDO COM PEDRO

Pelo fato do pastor ser um modelo para o rebanho (1 Pedro 5.3), a instrução de Pedro aos maridos cristãos – "tendo consideração para com a vossa mulher" (1 Pedro 3.7) – também é um padrão útil ao pastor que procura ministrar o evangelho e cuidar da alma de sua esposa. Considere as palavras de Pedro em seu contexto mais amplo:

> Mulheres, sede vós, igualmente, submissas a vosso próprio marido, para que, se ele ainda não obedece

à palavra, seja ganho, sem palavra alguma, por meio do procedimento de sua esposa, ao observar o vosso honesto comportamento cheio de temor. Não seja o adorno da esposa o que é exterior, como frisado de cabelos, adereços de ouro, aparato de vestuário; seja, porém, o homem interior do coração, unido ao incorruptível trajo de um espírito manso e tranquilo, que é de grande valor diante de Deus. Pois foi assim também que a si mesmas se ataviaram, outrora, as santas mulheres que esperavam em Deus, estando submissas a seu próprio marido, como fazia Sara, que obedeceu a Abraão, chamando-lhe senhor, da qual vós vos tornastes filhas, praticando o bem e não temendo perturbação alguma. Maridos, vós, igualmente, vivei a vida comum do lar, com discernimento; e, tendo consideração para com a vossa mulher como parte mais frágil, tratai-a com dignidade, porque sois, juntamente, herdeiros da mesma graça de vida, para que não se interrompam as vossas orações.
1 Pedro 3.1-7

Depois de Pedro instruir as esposas cristãs nos primeiros seis versículos, ele se dirige aos maridos cristãos. Esta passagem identifica especificamente três razões pelas quais um pastor deve ministrar o evangelho e ser atencioso para com a sua esposa.

1. Ela é uma mulher de caráter piedoso.

Primeiro, o pastor deve ser gracioso e cuidadoso com a sua esposa por causa de seu caráter e comportamento piedosos (1 Pedro 3.1-2). Pedro quer que os maridos (e pastores) percebam que, mesmo nos tempos difíceis do ministério, quando a esposa passa por lutas, ela possui qualidades divinas dignas de sua apreciação. Observe isso. O caráter de uma esposa piedosa que busca a Deus em meio às suas lutas é uma bela visão de se contemplar. Minha esposa regularmente luta contra a depressão e, recentemente, passou por um tempo especialmente difícil. O Senhor foi bom conosco durante todo esse tempo, mas nem sempre ela era a mesma pessoa. A instrução de Pedro para que eu tivesse "consideração" em meu convívio com ela adquiriu um significado totalmente novo. Deus me ajudou a ver que, no meio de suas lutas, ela continuou a cuidar de mim e me amar. Eu vi sua preocupação comigo e com o meu ministério. Eu vi o esforço que ela fez para servir nossa família. Eu vi em seu coração e em sua vida a beleza de um espírito manso, tranquilo e piedoso (versículo 4) que é de grande valor à vista de Deus. Mesmo na luta da minha esposa, encontrei muitas coisas para prezar sobre seu caráter piedoso. Na verdade, algumas dessas coisas foram ampliadas para mim por meio das dificuldades que ela enfrentou.

2. Ela é uma parceira mais frágil.

O pastor também deve ser atencioso com a sua esposa porque, como diz Pedro, ela é "a parte mais frágil". Pedro escreve que toda esposa é, em certo sentido, uma parceira mais frágil por ser mulher (1 Pedro 3.7). Com isso, Pedro não quer dizer que as mulheres são de alguma forma inferiores aos homens. Ele está simplesmente reconhecendo que Deus fez homens e mulheres de forma diferente, e que uma dessas diferenças é que, em geral, os homens são fisicamente mais fortes do que as mulheres. Assim, as mulheres carecem de proteção e cuidado e devem como tais serem honradas. Uma das tarefas do marido é proteger a esposa de danos físicos. Praticamente, o marido honra sua esposa como uma parceira mais frágil ao lhe oferecer sua ajuda e proteção nas áreas físicas, emocionais e espirituais. Isso pode incluir algo simples como abrir a porta do carro para ela e ajudar a carregar as coisas pesadas, mas também pode envolver a intervenção se algo perigoso a ataca ou a ameaça. (*Cara: E, senhoras, precisamos permitir que o marido cuide de nós dessa maneira. Não é útil nem encorajador para ele se estivermos sempre fazendo essas coisas por nós mesmas, mesmo se pudermos fazê-las. Precisamos encorajá-lo em seus esforços para cuidar de nós, nas coisas grandes ou pequenas.*)

Como já mencionado, as pressões e demandas do ministério geralmente podem ser autoimpostas, com base nas expectativas que as esposas percebem em nós. Quando a esposa do pastor sente a pressão de ser tudo aquilo que é esperado pelas pessoas da igreja, uma das melhores maneiras de seu marido protegê-la é aconselhá-la a dizer não a isso, permitindo-lhe ser ela mesma e resistir às exigências dos outros. Eu sei que, quando ajudo minha esposa a dizer não aos pedidos que a igreja lhe faz, ela experimenta uma enorme sensação de alívio. Os maridos precisam avaliar o que sua esposa pode fazer e o que ela não pode; devem conversar com ela sobre isso e procurar proteger seu tempo, emoções e energia adequadamente.

3. Ela é uma irmã em Cristo.

Finalmente, Pedro nos lembra de que as esposas não são apenas esposa e mãe de nossos filhos; elas também são nossas irmãs em Cristo. Você deve tratá-la como trata uma irmã em Cristo. Muito possivelmente, Pedro estava lidando com alguns maridos que abusavam fisicamente de sua esposa ou que eram mais honrosos e respeitosos com suas irmãs em Cristo na igreja do que com a sua própria esposa. Como pastor, você deve evitar tratar as mulheres em sua igreja com mais dignidade do que trata a sua esposa, a mulher com quem você compartilha a sua vida. Sua esposa, como cristã, é juntamente uma herdeira "da graça da vida" (1 Pedro 3.7, NASB) e compartilha da mesma salvação que você. Ela é a sua igual aos olhos de Deus e merece ser tratada com a mesma graça com a qual Deus tratou você.

COLOCANDO EM PRÁTICA

Existem pelo menos quatro maneiras práticas de um pastor mostrar consideração por sua esposa nas lutas do ministério: servindo-a, encorajando-a, discipulando-a e orando por ela. Muitos desses são aspectos naturais do ministério pastoral, coisas que o pastor oferece a qualquer membro de sua congregação, mas sua esposa precisa desses cuidados de uma maneira especial, vindos de você como seu marido.

Servindo sua Esposa

O grande teólogo de Princeton, B. B. Warfield, é lembrado como um dos teólogos norte-americanos mais fortes, ousados e biblicamente fiéis do final do século XIX. Seu aspecto intimidador, visto na maioria de suas fotos, faria teólogos liberais correrem para se proteger. Embora sua aparência possa ser bastante intimidadora, você pode se surpreender pelo lendário exemplo de Warfield, em seu serviço dedicado e sacrificial à esposa doente. No relato da história do Seminário de Princeton, David Calhoun vividamente captura o amor fiel de Warfield pela esposa:

> Ao longo de todos os anos da vida de casado, o Dr. Warfield fielmente cuidou de sua esposa inválida. Ele a amparou, protegeu e esteve ao seu lado, enquanto carregava toda a carga do ensino e se aplicava ao intenso trabalho de escrever. Os alunos do seminário sempre notavam o seu cuidado gentil e amoroso pela Sra. Warfield, quando eles caminhavam juntos pelas ruas de Princeton e também de um lado para outro, na frente da varanda de sua casa no campus. Logo depois ela ficou acamada e viu poucas pessoas além de seu marido. Por sua própria escolha, Dr. Warfield ficou quase que confinado em sua casa; ele nunca esteve longe dela por mais de uma ou duas horas seguidas. Ele reservou um tempo para ler para ela todos os dias. Eles saíram de Princeton apenas uma vez em dez anos, antes dela morrer, para umas férias que ele esperava que a ajudassem. Com sua saúde excelente e com interesses variados, Dr. Warfield deve ter sentido essa restrição, mas nunca reclamou.[1]

Warfield passou anos cuidando constantemente de sua esposa, ainda assim J. Gresham Machen uma vez disse acreditar que Warfield tenha produzido "quase tanto quanto o trabalho de dez homens comuns" ao longo de sua vida.[2] Certamente que podemos aprender com Warfield na área de teologia, mas ele é também um daqueles raros homens da história cujo exemplo de vida expõe como vergonhosas as nossas fracas desculpas para a negligência conjugal. Seu fiel exemplo de serviço nos desafia a servir a nossa própria esposa com consistência e longevidade.

Como pastor, servir a esposa é muito parecido com o que seria para qualquer marido cristão – ajudar a colocar as crianças na cama, limpar a cozinha depois do jantar, ir ao mercado comprar leite e, assim, dar a ela um tempo livre sozinha. Os tipos de serviço específicos variam de casamento para casamento, mas há uma maneira simples de aprender a servir sua esposa: perguntando a ela como! Profundo, não é? Tire um tempo para sentar-se com ela e pergunte: "Quais são as formas mais úteis para eu lhe servir?"

Visto que as circunstâncias mudam regularmente no ministério e no casamento, essa pergunta é mais eficaz e útil quando é feita regularmente. O marido pode descobrir que servir sua esposa em certo período da vida juntos significa ajudá-la a dizer não àquilo que exige o tempo dela, porque ela é dedicada demais e não lhe sobra tempo para mais nada. Em uma época diferente da vida, ela pode precisar de incentivo para buscar um ministério ou outra coisa de seu interesse. Como pastor, a forma de servir a sua esposa pode variar de dia a dia e de semana a semana. Por exemplo, podemos servir a esposa escolhendo não ter três famílias para almoçar no próximo domingo, pois já temos um fim de semana agitado, conforme planejado. A chave é ser sábio e ter discernimento. Acima de tudo, deve haver comunicação um com o outro.

Encorajando sua esposa

Infelizmente, a maioria dos homens que conheço falha horrivelmente em encorajar a sua esposa, e os pastores não são exceção a essa tendência. Mesmo aqueles que são naturalmente dotados de encorajar os outros, muitas vezes eles também falham em praticar isso no casamento. É fácil não sabermos apreciar aquelas a que somos chamados a amar e a dar mais valor – a nossa própria esposa. O pastor e pregador Charles Spurgeon, que era conhecido por sua preocupação intensa em empregar seu tempo no ministério, estava ainda atento para encorajar sua esposa. Nós vemos isso ilustrado nesta história registrada por sua esposa:

> Meu amado marido, mesmo que sempre tão envolvido com os negócios do Mestre, ainda assim me assegurou muitos momentos preciosos ao meu lado, enquanto me contava como a obra do Senhor estava prosperando em suas mãos, e nós compartilhávamos nossos sentimentos, ele me confortando em meu sofrimento, e eu me alegrando com ele por seu trabalho.

Uma pergunta recorrente quando ele precisava se ausentar era: "O que posso trazer para você, esposa?" Eu raramente respondia a ele com *um pedido*, pois eu tinha coisas em abundância para desfrutar, exceto *saúde*. Mas, um dia, quando ele fez essa pergunta habitual, eu disse, brincando: *"Eu quero um anel de opala e um pássaro Bico-de-Lacre"*. Ele pareceu surpreso e até sorridente, mas simplesmente respondeu: "Ah, você sabe que não tenho como comprar isso para você!" Por dois ou três dias nós nos divertimos com a escolha singular desses artigos de meu desejo, mas numa quinta-feira à noite, ao retornar do Tabernáculo, ele entrou em meu quarto com um rosto tão radiante e olhos tão iluminados com amor, que entendi que algo o havia encantado demais. Em sua mão ele segurava uma pequena caixa, e tenho certeza que seu prazer excedeu o meu, quando ele retirou dela um lindo anelzinho e colocou no meu dedo. "Aí está o seu anel de opala, minha querida", disse ele, e então me contou sobre a maneira estranha como o conseguiu.[3]

Você não precisa necessariamente trazer para casa um anel de opala para sua esposa a fim de encorajá-la, porém, quando você ouve atentamente os seus desejos e vai além para apreciá-la, você a encoraja e comunica o quanto ela é valorizada e amada. Spurgeon nos serve de exemplo para fazermos isso. Ele nos lembra que encorajamos uma mulher que é a nossa própria esposa quando fazemos e dizemos coisas que a fazem sentir-se honrada e prezada. Isso é especialmente verdadeiro no caso de esposa de pastor, uma vez que sua esposa frequentemente o vê fazendo um esforço extra de sacrifício pelas pessoas de sua igreja. Surpreenda-a e leve-a para sair. Empregue o mesmo nível de sacrifício de tempo e energia que você empregaria em uma situação de aconselhamento difícil ou crise desafiadora, para mostrar à sua esposa que ela é importante para você. Certa vez perguntei a um pastor experiente de cinquenta anos – pastor de uma igreja muito grande – o que ele fazia para encorajar a esposa. Ele disse: "Eu dou a ela um presente especial de Natal a cada ano: um calendário do próximo ano com duas noites por mês de nossos encontros já agendados". Assim como esse pastor, eu descobri que ter encontros regulares planejados também realmente encorajam minha esposa. Ao planejar um encontro, considere os lugares e atividades que ela gosta, não apenas o que você gosta de fazer. Leve-a onde ela gosta de comer. Faça as coisas que ela gosta de fazer. Em momentos diferentes ao longo da noite, diga a ela como você é grato por tudo que ela faz para cuidar de você, de sua família e de seu ministério. Escreva recados e deixe-os para ela e, quando fizer isso, de vez em quando deixe flores ao lado dos recados.

Faça esses gestos quando ela estiver menos esperando por isso. Em seus bilhetes, mencione as coisas que você acha que ela faz muito bem. Escreva sobre suas qualidades piedosas e, ao fazer isso, siga o exemplo de Salomão quando instruiu seu filho (Provérbios 5.15ss) e de Spurgeon, quando servia sua esposa – mostre seu prazer por ela. (*Cara: Senhoras, aprendam a aceitar esses incentivos. Não sejam rápidas em descartá-los como não autênticos ou falsos. Aprenda a aceitar com gratidão os melhores esforços de seu marido para cuidar de você e encorajá-la.*)

Se você está passando por lutas em seu casamento agora e não consegue pensar em uma única coisa que você ama em sua esposa, relembre os anos passados. Posso garantir que houve um tempo em que você prezava e admirava sua esposa, um momento em que você jurou perante sua família e amigos quanto a viver sua vida com ela. Ela pode não ter dito "sim" para a vida do ministério, mas ela expressou esses votos a você. Como pastores, nós encorajamos a esposa ao vivermos com ela de uma forma consistente com a vontade de Deus para o casamento, observando-a e conhecendo-a tão bem que podemos incentivá-la nas áreas em que ela sente que mais falha. Como pastores fiéis, prestamos atenção à esposa, observando e compartilhando com ela as evidências da graça de Deus que vemos em sua vida.

Discipulando sua esposa

Os pastores são chamados para equipar e discipular pessoas. Como pastores, somos responsáveis por ensinar, orientar, encorajar, exortar, repreender e conduzir as pessoas em nossa igreja ao crescimento em piedade, graça e compreensão da verdade da Palavra de Deus. Entretanto, o pastor também é chamado a ser o principal discipulador de sua esposa. Demonstramos nosso amor pela esposa de maneira mais fiel, quando assumimos esse papel em nossa família. O pastor não deve negligenciar a importância de cuidar das pessoas em sua igreja, mas deve estar igualmente preocupado com o cuidado e a nutrição espiritual de sua esposa e filhos. Essa tarefa de discipulado é sua responsabilidade como marido e pai, e está arraigada à chamada da liderança que o marido deve trazer ao lar.

Como marido e pastor, você precisa viver com sua esposa com paciência e graciosidade, especialmente quando ela se revela ser a pecadora que é. Exerça um pastoreio amoroso nas lutas que ela enfrenta. As expectativas irrealistas que nossas igrejas colocam na esposa do pastor são, via de regra, as mesmas expectativas que, mesmo sem percebermos, colocamos também sobre ela. Nós ficamos frustrados quando ela entra em conflito. Esquecemos que as esposas de pastores também são pecadoras e que precisam ser lembradas do evangelho, que elas se esquecem da verdade e que precisam de encorajamento diário das Escrituras, vindo da parte de seu marido e pastor. A tendência é que o pastor viva com sua esposa de uma forma mais compreensiva, quando ele aprende a vê-la como Deus a vê: uma pecadora salva somente pela graça de Deus.

Os pormenores sobre como o pastor discipula a sua esposa podem variar, especialmente se ela for uma cristã mais madura do que o marido. À luz disso, eu pedi a alguns pastores fiéis, jovens e idosos, para compartilharem algumas das maneiras práticas que eles empregam nessa tarefa:

- passar um tempo consistente lendo as Escrituras e orando juntos;
- fornecer horários semanais para ela sair e cuidar de sua própria alma;
- incluí-la no culto familiar;
- perguntar o que ela achou encorajador ao participar do culto no domingo;
- planejar uma saída à noite e centrar nela a conversa;
- perguntar-lhe regularmente o que tem sido encorajador ou desanimador para ela;
- comprar livros que você pensa serem úteis para ela ler;
- oferecer feedback sobre um ensino que ela assistiu ou ouviu e discutirem juntos aquele assunto;
- levá-la para uma conferência com você;
- enviar-lhe postagens de blogs e artigos que trarão encorajamento.

Não perca de vista as muitas maneiras pelas quais você vai crescer em sua própria caminhada com Cristo ao fazer esses esforços intencionais para cuidar espiritualmente de sua companheira. A maravilhosa bênção do casamento é que, se sua esposa cresce espiritualmente, isso o encoraja em seu próprio crescimento.

Orando por sua esposa

Muitos maridos se esforçam para orar *por* e *com* a sua esposa. Entretanto, vocês podem se surpreender em saber que muitos *pastores* têm dificuldades para orar pela esposa *com* a esposa presente. Você pode estar se perguntando por que acontece isso! Meu palpite é porque esse ato não ocorre com naturalidade para a maioria dos homens. No entanto, esse ato simples de orar por sua esposa, na presença dela, pode ser a melhor maneira de ajudar a sua esposa a se sentir amada por você. Comece por orar por sua esposa quando você está sozinho e, em seguida, ligue para ela ou envie uma mensagem contando a ela. Quando orar por ela, peça pelas coisas que você está aprendendo sobre ela e por suas necessidades, enquanto se preocupa espiritualmente com ela e lhe dá encorajamento.

Um método simples para aprender pelo que orar é sentar-se com ela quando vocês estiverem juntos, olhar em seus olhos e perguntar sobre o que ela quer que você ore. Então, ore com ela sobre essas coisas. É simples assim. Pastores, reconheçam o seu fracasso nessa área, se vocês negligenciam a oração com sua esposa. Confessem a hipocrisia de orar fervorosamente com outras pessoas em sua igreja, mas não com a sua esposa. Caso você ainda não esteja demonstrando amor, liderança, proteção e bom cuidado por sua esposa, ela está apta a receber positivamente seu esforço de começar essas atitudes. Se ela é uma mulher piedosa, é provável que esteja orando por você e pedindo a Deus para operar em você exatamente dessa maneira. Suas ações podem ser a resposta às orações dela.

Eu amo e valorizo minha esposa por muitos e muitos motivos, mas um deles é a maneira como ela intercedeu por mim no início de nosso casamento. Na época, eu já estava servindo no ministério, mas não estava sendo um líder para minha esposa, nem fazendo muitas das coisas que sugiro neste livro. Eu não estava convivendo com ela de uma forma que demonstrasse compreender a vontade de Deus para mim como marido. Reconheço que ela não reclamou nem me importunou sobre isso. Em vez disso, ela orou por mim. Demorou cerca de dois anos, porém, embora novo no ministério e no casamento, eu acabei por concluir que não conhecia bem a Palavra de Deus. Minha esposa reconheceu que isso estava faltando em minha vida, e a meu pedido começou a me ensinar como estudar minha Bíblia.

O Senhor operou em mim um despertar miraculoso, quase da noite para o dia, e comecei a devorar a Palavra de Deus por horas, todas as noites. Anos mais tarde, soube que minha esposa orava constantemente para que um dia Deus me desse um grande amor por sua Palavra. Eu de fato acredito que sou um pastor hoje porque Deus fez esse trabalho em mim, em resposta às orações fiéis de minha esposa. Ela não conseguiu isso por meio de acusações, reclamações ou ameaças, mas com um espírito manso e gentil, que é precioso aos olhos de Deus. Deus respondeu às orações de uma mulher piedosa.

Como pastor e marido, sei que sua esposa tem pelo menos uma coisa em comum com a minha: ela é uma pecadora salva pela graça de Deus, que luta com as dificuldades da vida e que, muitas vezes, se sente sobrecarregada pelas exigências de seu ministério. Sua esposa precisa e merece seu cuidado mais paciente, cortês e duradouro. Ser esposa de pastor é um papel difícil, que a maioria das mulheres não espera assumir no dia do casamento. Nós podemos ajudar a tornar esse fardo em alegria, tornando as demandas do ministério em oportunidades de servir os outros e transformando as pressões e tensões de ser esposa de pastor em uma influência santificadora para a vida dela. Tudo começa com oração, ao apresentarmos ao Senhor os desafios, as necessidades, as lutas e alegrias da esposa, e aprendermos a amá-la, nutri-la, valorizá-la e honrá-la, em meio a toda essa circunstância.

QUESTÕES PARA DISCUTIR

Para o pastor perguntar à esposa
1. De que maneiras eu posso servir melhor a você?
2. O que eu faço, ou posso vir a fazer, que mais a encoraja?
3. De que forma posso discipular melhor você, e como posso orar por sua vida de forma mais intencional e com fidelidade?
4. O que a impede de receber meus cuidados? Existem barreiras ou obstáculos que precisamos remover?
5. Como você pode me ajudar a cuidar melhor de você?

REFLEXÃO

MANTENDO O SEU CASAMENTO FORTALECIDO

CATHI JOHNSON[*]

O meu marido, Bob, e eu nos casamos em 1983. Quando começamos o nosso casamento, Bob estava servindo no ministério em tempo integral, e após seis anos aceitou o cargo de pastor. Na época ele estava com vinte e nove anos de idade. Ele havia acabado de começar o seu Mestrado em Divindade e eu estava grávida do nosso segundo filho.

A graça, a bondade e a proteção do Senhor estavam sobre nós durante esse tempo. Fizemos o nosso melhor para equilibrar as necessidades da igreja com os nossos próprios cuidados, o casamento e a nossa família em crescimento. O meu processo de aprendizagem incluía trabalhar em minhas ambições egoístas e liberar o caminho para o que Deus queria fazer em minha vida. Eu estava apenas começando a compreender que

---

[*] Cathi Johnson é esposa de pastor, e tem servido ao lado do seu marido, Bob, há mais de trinta anos.

a minha vida não girava em torno de mim mesma e do meu conforto; antes, foi um chamado de Deus para apoiar o meu marido no seu chamado ao ministério, para amá-lo e ser sua auxiliadora. Meu egocentrismo estava colidindo (e ainda colide) com o altruísmo que é necessário para ser uma esposa de pastor.

Após mais de um quarto de século de casamento e ministério juntos, temos sido ensinados pelo Senhor que é de vital importância depender diariamente do seu Espírito e que eu posso amar fiel e obedientemente ao Senhor, ao amar o meu marido e a igreja que ele foi chamado a pastorear e liderar. Como esposa de pastor, tenho buscado várias formas de manter o nosso casamento fortalecido.

1. Eu compreendi que a segurança no meu casamento proporciona segurança para a nossa igreja. *Faça o propósito de amar e desfrutar um do outro*, como um presente para o seu rebanho.

2. Bob e eu achamos útil estabelecermos *juntos nossos objetivos comuns*. Isto me ajuda a evitar sentir que estou disputando com a igreja por seu tempo e atenção. Através dos nossos objetivos ministeriais partilhados, estabelecemos uma parceria para servir os outros.

3. Achei útil *recordar que Deus me deu como presente ao meu marido*. O seu marido precisa do que você tem para lhe oferecer. Deus irá usar as suas palavras, o seu toque e os seus atos de serviço para abençoar e

encorajar o seu marido em seu chamado. Encoraje-o a ser confidente e seja uma boa ouvinte. Não tenha receio de falar honestamente com ele, mas evite julgamentos severos e palavras críticas. Não é sua responsabilidade consertá-lo.

4. *Seja sábia e perspicaz no relacionamento com outras mulheres* na sua igreja e comunidade. Tenha cuidado com o que compartilha quando vai a algum lugar com as outras "garotas" ou está entre amigas. Ore por sensibilidade e sabedoria quando falar sobre o seu marido ou sobre outras pessoas da igreja, pois Satanás poderá ganhar facilmente um lugar no seu coração, se der lugar ao pecado tóxico da fofoca.

5. *Mantenha abertas as linhas de comunicação com o seu marido.* A comunicação é a força vital da sua relação. Não ignore a sensação de estar distante de seu marido. Paulo nos diz para tratarmos os problemas e conflitos quando eles surgirem, para evitarmos que o Diabo ganhe vantagem (Efésios 4.26-27). Quando se sentir ofendida por seu marido, ore por graça e capacidade para entender o lado dele. Ore por humildade para se expressar, sem acusá-lo de intenções que ele possa não ter.

6. *Planeje um horário semanal para compartilhar com ele seus compromissos agendados.* Isso ajuda cada um de vocês a valorizar o que foi chamado a fazer, de maneira única, em sua vida conjugal. Compartilhar suas

atividades também assegura uma certa prestação de contas e ajuda a evitar surpresas.

7. *Faça da sua casa e do seu casamento um lugar de alegria para o seu marido.* Trabalhe para tornar o seu marido inebriado por você, mantendo-se atrativa para ele, de modo que ele não tenha motivo para buscar conforto fora do seu casamento. Edifique sua casa como um santuário de paz e acolhimento para ele. Construa um senso de pertencerem um ao outro, planejando hábitos comuns e compartilhando atividades favoritas. Separe períodos de tempo para relaxar, divertirem-se e rirem juntos. Aprendam juntos, partilhando livros e artigos que estão lendo, e os desafios que têm recebido pela leitura das Escrituras. Façam boas perguntas um ao outro. Sonhem juntos. Estabeleçam objetivos futuros. Esse tipo de cumplicidade cria esperança e disposição no seu casamento.

Servir juntos ao Senhor, no ministério, resulta em uma alegria única e especial. Proteja essa alegria. A igreja que ele pastoreia vale a pena!

PARTE TRÊS
OS FILHOS DO PASTOR

*"Papai, você não pode ficar
em casa hoje à noite?"*

CAPÍTULO 5
PASTOREANDO INDIVIDUALMENTE

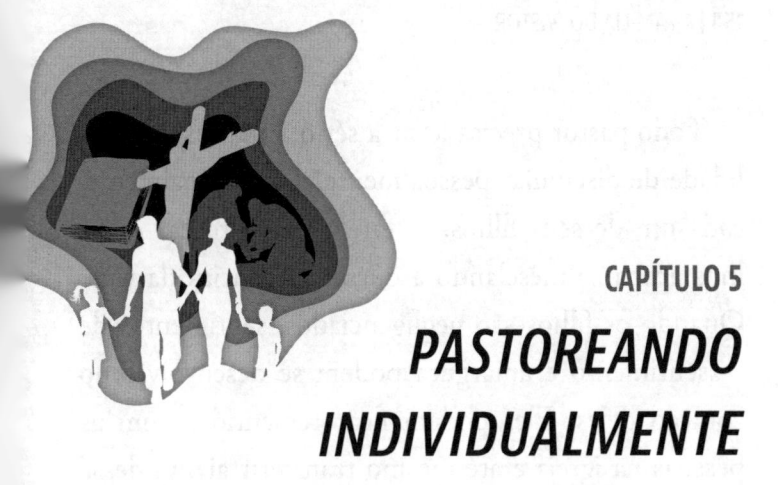

{BRIAN}

A noção de pastorear os próprios filhos individualmente é um conceito estranho para muitos cristãos, incluindo os pastores. Era algo novo para mim, quando ouvi falar disso pela primeira vez. Durante muitos anos, empreguei meu tempo cuidando de membros da igreja individualmente, enquanto ignorava completamente a necessidade de pastorear meus próprios filhos. Isso mudou quando eu fui desafiado a abraçar essa tarefa, por uma pessoa bastante improvável. E não foi um colega de ministério, nem um autor e preletor de conferências ou algum outro "especialista" sobre o assunto. Foi um homem que serve como diácono em sua própria igreja. Ele é farmacêutico, casado e com sete filhos. O exemplo fiel desse homem mudou completamente a minha compreensão do que significa um homem pastorear a sua família.

Todo pastor precisa levar a sério a sua responsabilidade de discipular pessoalmente, e individualmente, cada um de seus filhos. A tarefa de pastorear os filhos acaba se mesclando a outras exigências da vida. Quando os filhos são negligenciados, sentimentos de ressentimento e amargura podem se desenvolver no coração deles. Eles podem ficar ressentidos com as pessoas na igreja e até mesmo transferir algum desse ressentimento para Deus. Os pastores enfrentam muitas exigências de tempo, mas é importante que deem prioridade ao crescimento e desenvolvimento espiritual de seus próprios filhos, exemplificando a outros pais uma obediência aos mandamentos de Deuteronômio 6.4-9 e Efésios 6.4. Às vezes, é difícil saber como isso funciona. Este capítulo irá ajudá-lo a cultivar padrões na sua agenda semanal para pastorear cada um dos seus filhos, ajudando você a usar bem esse tempo.

PASTOREANDO OS FILHOS

Como a maioria dos pastores, provavelmente você também declara a importância de pastorear a alma de seus filhos. Mas a verdadeira questão não é se você afirma isso; a questão é: "você tem um planejamento?" Muitos pastores acreditam que é importante discipular os próprios filhos, mas falta-lhes um plano estruturado e prático para o realizarem. Eles até podem ter desenvolvido uma estrutura de discipulado eficaz e funcional em seu ministério na igreja local, mas por alguma razão não conseguem fazer o mesmo em seu próprio lar. Eu quero sugerir cinco formas simples para o pastor começar a estabelecer em sua casa estratégias que o ajudarão a cuidar espiritualmente de seus filhos.

1. *Pastoreie individualmente*. Alguns bons recursos estão disponíveis para desenvolvimento de hábitos de culto familiar, e muitas famílias cristãs estão experimentando uma renovação nessa área (falarei mais sobre isso no próximo capítulo). Porém, a tarefa mais difícil que você enfrenta como pai não é a de liderar o culto de adoração familiar; é de reunir-se individualmente com cada um de seus filhos, para ler a Palavra de Deus, engajar o coração deles e orar juntos. Estou convencido de que essa prática constitui a base para o cuidado espiritual de cada um deles especificamente. A menção que fiz sobre o diácono, como um exemplo na disciplina dos seus sete filhos, foi intencional a esse respeito. Com sete filhos e sete dias em cada semana, ele estabeleceu um esquema de horário que lhe permitia reunir-se com cada criança uma vez por semana. Ele separava a parte da manhã para lerem e orarem juntos. Cara e eu tivemos pouco mais da metade do número de filhos que ele tem (e ainda temos), então dificilmente eu poderia argumentar que não disponho de tempo suficiente. O seu exemplo não só me inspirou; também me deixou sem poder dar qualquer desculpa.

Assim, comecei a encontrar-me com cada um dos nossos filhos de segunda a quinta-feira. Reservei uma noite para cada criança. Quando era sua noite para estar com o papai, a criança ficava acordada trinta minutos a mais que o habitual e líamos as Escrituras, orávamos e escolhíamos um livro divertido para lermos só nós dois. O nosso tempo juntos acabava muitas vezes numa lutinha no chão. Inicialmente pensei que os meus filhos em algumas semanas perderiam o interesse, mas eu estava errado. As crianças eram na verdade os primeiros a cobrar a minha responsabilidade, e eles se lembravam quando era a sua noite. Aquela hora semanal com eles me abençoou como pai, mas eu nunca teria começado se eu não fizesse isso intencionalmente e se não fizesse disso uma prioridade. (*Cara: Esposas, sabem o que isto significa para você? Significa que você deverá estar disposta a sacrificar uma parte do tempo com seu marido, para garantir que o tempo dele com as crianças aconteça. Eu não fico enciumada por dar a eles esse tempo; antes, vejo isso como um sacrifício que faço, pelo bem-estar dos meus filhos e por seu crescimento em Cristo.*)

Certifique-se de que você está instruindo e interagindo com o seu filho de alguma forma – só vocês dois – e começará a enxergar com maior profundidade a vida e o coração dele. Aprenderá coisas sobre eles que nunca soube antes. Tal como o meu amigo me desafiou, eu agora lhe dou este desafio. Se você não tiver um padrão regular de encontros individuais com cada um dos seus filhos, comece esta semana! Como pastor, você irá instruir e se encontrar individualmente com muitos membros da igreja esta semana. Assegure-se de demonstrar o mesmo amor e cuidado para com os seus próprios filhos.

2. *Pastoreie biblicamente*. Instrua e discipline seus filhos, usando a Palavra de Deus. Compreendo que isto possa parecer bastante óbvio para um pastor, mas já vi pastores que passam mais tempo concentrados no ensino dos princípios extraídos do catecismo e da Palavra de Deus do que na leitura da Bíblia em si mesma. É possível passar por várias fases de disciplina e de ensino e, no entanto, nunca fazer referência ao que Deus realmente diz sobre o comportamento em questão. Embora os princípios bíblicos sejam bons e úteis, certifique-se também de que está ensinando seus filhos a conhecer e a memorizar os próprios versículos bíblicos.

Os pastores têm uma oportunidade ímpar a esse respeito. Você pode preparar os seus filhos para o culto dominical todas as semanas, usando a passagem com a qual está se preparando para pregar, e ensinar a eles o que você está aprendendo. Quando me encontro com cada um dos meus filhos em particular, leio com eles a passagem que irei pregar no próximo domingo. Essa prática me permite pastorear as suas almas com a Palavra de Deus e tem a vantagem de prepará-los para ouvir a mensagem do próximo domingo. Ao trabalhar a passagem com eles, consigo observar e abordar as áreas que eles possam ter dificuldades para compreender e também equipá-los para melhor ouvir e responder à Palavra de Deus, quando for pregada em nossa reunião coletiva. Qualquer que seja a passagem escolhida, certifique-se de que a sua instrução e a sua disciplina sejam bíblicas, e que você utiliza a Palavra de Deus de tal forma que seu filho reconhece vir do próprio Deus aquilo que você ensina.

3. *Pastoreie teologicamente*. Os adultos subestimam notoriamente a capacidade das crianças de compreenderem as verdades teológicas profundas sobre Deus e o Evangelho, e os pastores são tão culpados de fazer isso quanto qualquer outra pessoa. As crianças podem e devem aprender verdades teológicas, desde a mais tenra idade. Obviamente, precisamos instruí-las em um nível que corresponda à sua capacidade cognitiva. Mas não assumam que as crianças não conseguem aprender e se lembrar de verdades teológicas. Uma irmã, membro de nossa igreja, me disse recentemente que tinha ouvido seu filho de oito anos ensinar o filho de quatro anos sobre a Trindade, e que a explicação dele foi clara, compreensível e apropriada para a idade dele.

Nenhum de nós discordaria que é importante ensinar nossas crianças sobre o evangelho e, particularmente, o fato de Jesus ter morrido pelos nossos pecados. No entanto, você já ousou ensinar-lhes conceitos como imputação (a grande troca realizada por Cristo, pela qual ele carregou os nossos pecados na cruz em nosso lugar, e deu a nós a sua perfeita justiça)? Eu já vi, pessoalmente, crianças de quatro e cinco anos de idade conseguirem entender essa verdade teológica essencial do evangelho. Se as crianças são capazes de compreender, devemos então instruí-las sobre essa verdade. As crianças também são ótimas em compreender os amplos temas da história redentora. Considere as coisas que ensina regularmente aos adultos, e não tenha medo de ensinar essas mesmas verdades aos seus filhos. Seja claro e simples, mas não dilua nem deixe de fora os tópicos difíceis. O ato de ensinar a verdade às crianças pode até melhorar o seu ensino aos adultos, por forçá-lo a se concentrar na mensagem essencial que deseja comunicar.

4. Pastoreie em oração. Parte da instrução no Senhor, que damos individualmente aos nossos filhos, tem a ver com a forma de se achegarem a Deus em oração. Nós devemos orar *pelos* nossos filhos. Devemos orar *com* os nossos filhos. Devemos orar por sabedoria, enquanto instruímos os nossos filhos. Devemos orar com os nossos filhos depois de os disciplinarmos. Devemos orar pelos nossos filhos juntamente com toda a família. Devemos orar pelos outros, junto com nossos filhos. Os pastores têm um conhecimento privilegiado das necessidades específicas dos membros da igreja e deveriam orar pela igreja com os seus filhos. Conforme orarmos consistentemente dessa forma, estaremos instruindo nossos filhos a orar de modo semelhante ao modelo de vida de oração mencionado por Paulo, quando diz: "Orai sem cessar" (1 Tessalonicenses 5.17). À medida que os instrui em oração, assegure-se de que os está instruindo quanto a poderem ir a Deus em oração, dizendo a eles sobre a obra graciosa do nosso grande Sumo-Sacerdote e mediador, Jesus Cristo. Ensine-os que Jesus está à direita do Pai, intercedendo em nosso favor, toda vez que oramos (Hebreus 4.14-16; 9.24), e que nossas orações são ouvidas por Deus, por causa do que Jesus fez por nós.

{CARA}

Uma forma prática de encorajar esse tipo de oração diária é através de uma agenda de oração. Brian criou uma lista para que os membros de nossa igreja possam orar por cada membro ao longo do mês. Uma amiga minha teve a brilhante ideia de colocar os nomes em cartões agrupados e ordenados por um índice. Todos os dias, tiramos um cartão para ver por quem devemos orar naquele dia. Os cartões com os índices encontram-se na mesa de nossa cozinha, para lembrarmos de orar pelas pessoas durante as refeições. Essa rotina tem encorajado o hábito de orar pelos membros da igreja e recordar diariamente as suas necessidades.

---

5. Pastoreie sacrificialmente. Pastores são ocupados e enfrentam muitas coisas que exigem do seu tempo. A minha mulher e eu escrevemos este livro porque nós compreendemos os desafios que os pastores enfrentam. Sabemos o quanto é difícil manter um equilíbrio saudável entre as necessidades do ministério e a chamada para sermos fiéis à nossa família. Não há um caminho fácil para o sucesso. O cuidado semanal e individual com seus filhos não acontecerá sem sacrifício. Você terá que sacrificar algum sono extra pela manhã ou algum tempo de descanso à noite. Poderá perder o seu programa de televisão ou evento desportivo favorito; poderá ter de abdicar do tempo para ler aquele livro que está ansioso para digerir. Ao se comprometer a isso, prepare-se para perder alguns dos seus "benefícios" atuais. Mesmo assim, o sacrifício neste curto período de vida, quando os filhos estão ainda vivendo em sua casa, justifica bem a "perda" do tempo. Não só isso, mas também a tarefa de pastorear os seus filhos é uma parte fundamental da sua vocação como pastor (1 Timóteo 3.4-5) e pode até ser o meio que o Senhor utilize para ajudar a sua família a crescer mais profundamente no amor por Deus e por sua igreja, em vez de ficarem decepcionados e amargurados.

CULTIVANDO O APREÇO

Muitos pastores e suas congregações assumem que os filhos do pastor, de alguma forma, crescerão naturalmente em amor pelo evangelho, pelo ministério e pela igreja. Essa é uma suposição ingênua. As crianças não crescem naturalmente em amor pelo ministério, nem é garantido que venham a amar e valorizar a igreja local, onde o pai serve. Como pastores, devemos ensinar intencionalmente o evangelho aos nossos filhos e nos esforçarmos em cultivar neles um apreço pela igreja local e por nossa vocação em servir a igreja.

Devemos fazer isso em espírito de oração, dependendo do Espírito Santo para trabalhar no coração deles. Destaco cinco princípios que são úteis para ensinar as crianças sobre o trabalho do ministério pastoral. Se a criança compreender esses princípios, isso a ajudará a entender o que o pastor faz e por que seu trabalho é importante. Ao ensinar esses princípios, procuro incentivar neles o amor pelo ministério pastoral, em vez do ressentimento devido ao tempo que o pai deles tem que passar fora de casa.

1. *"O meu trabalho é muito importante para Deus."* Através dos escritos do apóstolo Paulo, Deus ensina que o trabalho do pastor é bom e necessário (1 Timóteo

3.1). É um trabalho que nos mantém no limite entre a vida e a morte, entre o temporal e o eterno. A igreja local é o principal veículo através do qual Deus escolhe introduzir o seu reino vindouro no mundo, e o trabalho pastoral é diferente de qualquer outro trabalho. Os pastores são os primeiros que devem compreender isso. Eles precisam valorizar o trabalho do ministério, antes de poderem ensinar esse valor a seus próprios filhos. O pastor precisa ajudar os filhos a perceberem que, quando o pai está a trabalho fora de casa, em momentos variados, ele não está brincando ou desperdiçando tempo. Ele não sai de casa porque quer se afastar deles. Quando o pai está ausente, as crianças precisam saber que ele está realizando um trabalho de edificação do reino e que é um trabalho que serve a Cristo de uma forma especial.

Sempre que surge a oportunidade, os pastores devem incluir os seus filhos no trabalho que fazem. Há momentos apropriados em que as crianças podem acompanhá-los em visitas ao hospital, a um domicílio, ou ajudá-los a se preparar para as atividades da igreja, orar pelos membros à mesa do jantar e, até, contribuir para a sua preparação do sermão. Há um grande benefício, tanto para a família como para a congregação, quando os seus filhos são envolvidos dessa forma. Por isso, não se esqueça de fazer um esforço extra para planejar e incluir intencionalmente os seus filhos nessas atividades. No mínimo, isso irá contribuir para que eles apreciem o importante trabalho que o seu pai realiza.

{CARA}

Nós também precisamos salientar para eles que o papai está deixando de estar em casa para fazer um trabalho muito importante para Deus. Em vez de ficarmos enciumadas dos almoços que ele tem lá fora, ou mesmo de suas saídas para praticar esportes, precisamos relembrar aos nossos filhos (e por vezes a nós mesmas) que o marido está construindo relações e atendendo necessidades de outros. Na próxima reunião familiar, precisamos perguntar alegremente a ele sobre como tem usado seu tempo e sobre os seus contatos, para podermos assim celebrar o trabalho que Deus tem feito por meio dele, enquanto está longe. Também podemos antecipar este momento, orando com nossos filhos pelo marido, quando ele está longe de casa.

❦

2. **"A Palavra de Deus é o meio que Deus usa para mudar as pessoas."** Uma pergunta comum dos filhos de pastores, especialmente se o pastor tem um escritório em casa, é: "Papai, porque você estuda tanto?" Certa vez, um pastor que tem filhos pequenos me perguntou: "O que você diz ao filho que chega à porta do seu escritório em casa e lhe pergunta: 'Papai, você ainda está

trabalhando?'" Você deve responder cuidadosamente a essa pergunta, de uma forma que o ensine a valorizar o que você faz, em vez de apenas levá-lo a lhe deixar em paz por mais alguns minutos. Ajude-o a compreender que só a Palavra de Deus, através do poder do Espírito Santo, muda as pessoas, despertando-as e trazendo-as da morte para a vida. Ensine que Deus confiou ao seu pai a grande responsabilidade de ensinar e pregar a Palavra de Deus ao povo de Deus, para que essas pessoas possam conhecer melhor a Deus e tornarem-se mais semelhantes a Jesus. Isto exige que o pastor seja fiel e diligente para se apresentar como um obreiro aprovado, "que não tem de que se envergonhar, que maneja bem a palavra da verdade" (2 Timóteo 2.15). Evite falar mal do seu trabalho ou de transmitir aos filhos que aquilo que você faz é uma dificuldade ou um fardo. Fale positivamente sobre o poder e a responsabilidade de manusear bem a Palavra de Deus.

3. "*Preciso ter uma 'conversa' com fulano.*" Somos acostumados a usar com frequência essa frase diante de nossos filhos, em circunstâncias diversas, como: quando vou me encontrar com alguém para discipulado; ao retornar um telefonema de um membro zangado da igreja; ao tratar de uma consequência desastrosa, como resultado do pecado de alguém; ou, ainda, ao ter que convencer uma esposa irada a não abandonar o marido. Meus filhos não precisam conhecer os detalhes de tais situações, e se souberem, isso poderá até prejudicá-los. Quando preciso passar tempo ajudando alguém ou falando ao telefone, tento fazer meus filhos entenderem que Deus dotou o seu pai com a capacidade de falar com as pessoas sobre os seus problemas, partilhar com elas a Palavra de Deus e encorajá-las a seguir a Jesus mais fielmente. Ensine aos seus filhos a razão de você precisar falar com as pessoas, mas não entre em detalhes, nem tente explicar cada situação.

4. *"É uma alegria servir e cuidar do povo de Deus."* A maioria das pessoas passa os seus dias trabalhando para sustentar a família, seja no trabalho em uma empresa, atendendo os clientes ou suprindo suas necessidades através de alguma forma de serviço. Os pastores têm o privilégio de passar a maior parte do seu tempo estudando a Palavra de Deus e cuidando do povo de Deus. Que honra especial Deus concedeu aos pastores! Comunique essa honra aos seus filhos. Mesmo quando passarem por dificuldades no ministério, ensine os seus filhos sobre a alegria intocável do seu trabalho. Servir e cuidar do povo de Deus é um regozijo. É certo que, se o seu trabalho não lhe trouxer alegria, tentar comunicar isso aos seus filhos será difícil, ou mesmo impossível. O pastor ou a esposa de pastor que se desilude com o trabalho do ministério criarão filhos que, inevitavelmente, perderão o encanto com o ministério e com a igreja.

{CARA}

A palavra de prudência do Brian merece ser repetida. Precisamos ser cautelosos quando discutirmos assuntos da igreja, para não sobrecarregarmos nossos filhos com detalhes desnecessários, sobre a vida da igreja. Em nosso esforço de lhes ensinar a amar a igreja, precisamos nos lembrar de que carregar os fardos da igreja não é a função deles. Uma de nossas filhas é altamente perspicaz quanto aos sentimentos e atitudes das pessoas. Muitas vezes ela consegue perceber quando algo está errado com alguém ou com alguma família. Devido a essa capacidade, ela consegue decifrar partes das nossas conversas (quando nem sequer nos apercebemos, ela está ouvindo) e acaba tomando sobre si o fardo daquela família. Temos que ser cautelosos, porque ela não é suficientemente madura para saber lidar com esses fardos. Temos que nos lembrar de que os nossos filhos estão nos ouvindo, quer percebamos ou não, e por isso precisamos de ter muito cuidado, quando comentamos sobre o nosso ministério. Uma boa regra geral é reservar as conversas difíceis para falarmos quando estivermos bem longe dos nossos filhos.

Não dá para esconder mos tudo de nossos filhos. Eles precisam desenvolver uma consciência de que vivemos em um mundo decaído e cheio de pecado. Nós mantemos conversas com os nossos filhos sobre divórcio, morte e suicídio. No entanto, mantemos essas conversas no contexto das verdades bíblicas, que nos ajudam a compreender melhor o plano de Deus para o seu povo.

❦

5. "*Estas pessoas continuam perguntando por você.*" Não importa onde e como Deus chamou você para o pastorado; sempre haverá alguém que irá demonstrar amor por você e sua família, e desejará cuidar de vocês. Isto acontece principalmente se você serve na mesma igreja local durante muitos anos.

Lembre-se dessas pessoas, daquelas que lhe perguntam sobre a sua família. Conte aos seus filhos sobre elas. Diga aos seus filhos que eles são amados por pessoas da igreja, aquelas mesmas pessoas com quem o seu pai se importa. Alguns dos meus melhores relacionamentos na igreja são com pessoas que se preocupam com minha mulher e com meus filhos. Estou lembrando de uma viúva de noventa anos que ama muito a nossa filha mais velha (e não duvido que ela a ame mais que a mim, seu pastor). Elas têm uma relação especial que é uma alegria de se ver. Relembrem os seus filhos de que as pessoas da igreja os amam, que perguntam sobre eles e apreciam o esforço que fazem para permitir que seu pai sirva à igreja.

O valor de encorajar os nossos filhos a esse respeito foi confirmado após eu ter pregado numa conferência sobre casamento, em outra cidade.

Um dos presbíteros daquela igreja escreveu à mão uma carta de três páginas aos nossos quatro filhos, que a receberam pelo correio cerca de uma semana depois do meu retorno. O conteúdo dessa carta encorajou os nossos filhos, e também foi encorajador para a minha mulher e para mim mesmo.

> Obrigado por compartilharem os seus pais com a nossa congregação, há uns dias atrás! Penso que vocês ficarão contentes por saber que Deus os usou para encorajar as pessoas a amar mais o Senhor, a confiar na sua Palavra e a viver pela fé... Para dizer obrigado pela sua participação em nossa Conferência familiar de 2012, recebam um presente na Sorveteria *Dairy Queen*. Espero que vocês gostem de sorvete... Todos vocês tiveram uma participação em nossa conferência, e eu estou muito feliz com isso. Cada vez que vocês cooperam com as oportunidades de ministério que Deus dá aos seus pais, vocês também estão envolvidos com o trabalho deles.

Esse presbítero enumerou várias formas de nossos filhos poderem abençoar e apoiar o nosso ministério: orando por nós, agradecendo-nos, falando honestamente conosco, e assim por diante. Anexo à carta estava um cartão-presente da Dairy Queen, de 25 dólares. Essa carta ilustra como as pessoas podem ajudar os filhos de pastor a perceberem o importante papel que desempenham. Com a ajuda de Deus, um encorajamento como esse os levará a crescer em amor e apreço pelo ministério de seu pai, em vez de se ressentir dele. Os pastores têm essa mesma responsabilidade para com os seus filhos. Essa tarefa é realizada com mais eficácia quando fazemos um investimento em pastorear a alma de cada um deles, passando um tempo com eles, separado especialmente para estar com eles, ajudando-os a compreender que é uma honra, e não um peso, observar e participar no importante trabalho de seu pai. Por último, essa tarefa de pastorear a família não se realiza apenas quando o pastor discipula e dá instrução individualmente, mas também quando pastoreia a alma de todos os familiares *conjuntamente*.

QUESTÕES PARA DISCUTIR

Para a esposa perguntar ao marido
1. Você se encontra com regularidade constante e consistente com cada um dos nossos filhos? **Se não:** Por que não? Como podemos organizar a nossa agenda para que você tenha tempo disponível para isso? Com que frequência cada uma das

crianças precisa estar com você? Um encontro por semana é mais do que o necessário, ou não é o suficiente? **De qualquer modo**, como você determina a maneira como vai usar esse tempo?
2. Como podemos cultivar em nossos filhos o amor pelo seu trabalho?
3. Você já perdeu o prazer em realizar o trabalho do ministério? Em caso afirmativo, o que pode fazer para recuperá-lo?

CAPÍTULO 6
PASTOREANDO EM CONJUNTO

{BRIAN}

Charles Spurgeon era um poderoso homem de Deus, um evangelista e pastor eficiente. Diferentes pessoas em sua vida o ajudaram a ser moldado no homem em que se tornou, mas a influência exercida por sua mãe é por vezes negligenciada e subestimada. Spurgeon relata alguns momentos marcantes, quando a sua mãe reunia os filhos à volta da mesa do jantar:

> Era o costume, aos domingos à noite, quando éramos ainda pequenos, que ela ficasse em casa conosco, e depois sentávamos ao redor da mesa, para ler versículo por versículo, e ela nos explicar a Escritura. Depois, era o momento de súplicas. Tínhamos, então, a leitura de um pequeno trecho do livro "O Alarme de Alleine" ou do livro de Baxter – "Uma Chamada ao Não Convertido", que era

lido com observações pontuais, feitas a cada um de nós, enquanto nos sentávamos à volta da mesa; e ela nos perguntava quanto tempo iria demorar até que pensássemos em nossa condição espiritual, e quanto tempo iria levar, até procurarmos o Senhor. Então, nossa mãe orava, e algumas palavras dessa oração nunca vamos esquecer, mesmo quando nossos cabelos forem brancos. Lembro que, em certa ocasião, ela orou assim: "Agora, Senhor, se os meus filhos continuarem nos seus pecados, não será por ignorância que eles perecerão e, com muito zelo, minha alma dará testemunho contra eles, no dia do julgamento, se não se apegarem a Cristo". Ao pensar em minha mãe querer ser zelosa em testemunhar contra mim, isso penetrou minha consciência e moveu o meu coração.[1]

As memórias de Spurgeon sobre sua mãe recordam-nos o significativo papel que as mães piedosas desempenham no pastoreio da alma de seus filhos, e também nos mostram que Deus trabalha de formas distintas, quando a família é instruída conjuntamente.

Embora as mães desempenhem um papel essencial na instrução de seus filhos, a Escritura nos diz que Deus chamou o pai, como líder da família, para assumir a liderança nessa área. Douglas Kelly escreveu: "O princípio representativo inerente ao trato pactual de Deus com a nossa raça indica que o cabeça de cada família deve representar a sua família perante Deus, no culto divino, e que a atmosfera espiritual e o bem-estar pessoal dessa família serão a longo prazo afetados, em grande medida, pela fidelidade ou pelo fracasso do líder da família nessa área".[2]

Os pastores devem ser determinados em ministrar aos seus filhos individualmente, como exortamos no último capítulo, mas também é importante que ele pastoreie a sua família no aspecto do culto de adoração familiar. E os pastores têm uma oportunidade especial de preparar a sua família para o culto de adoração coletivo, com o restante das outras famílias da igreja.

Não há um texto bíblico que exija claramente que o pai lidere o culto familiar; no entanto, há muitas passagens com ordenanças que implicam fortemente a necessidade da instrução familiar. A instrução de Paulo às famílias, em Colossenses 3.18-21, é um bom exemplo, assim como a instrução em sua carta aos Efésios:

> Filhos, obedecei a vossos pais no Senhor, pois isto é justo. Honra a teu pai e a tua mãe (que é o primeiro mandamento com promessa), para que te vá bem, e sejas de longa vida sobre a terra. E vós, pais, não provoqueis vossos filhos à ira, mas criai-os na disciplina e na admoestação do Senhor.
> Efésios 6.1-4

Na sua instrução, tanto à Igreja de Colossos quanto à de Éfeso, Paulo dá três princípios básicos que fundamentam a necessidade de adoração familiar sob a liderança do pai.

1. *As famílias adoravam publicamente em conjunto.* Sabemos que muitas das cartas de Paulo (como Colossenses e Efésios) foram dirigidas a várias igrejas diferentes e foram lidas em voz alta, na sua totalidade, ao corpo da igreja reunida.

Ele se dirige a cada membro da família: esposas (Colossenses 3.18), maridos (Colossenses 3.19), filhos (Colossenses 3.20; Efésios 6.1), pais (Colossenses 3.21; Efésios 6.4) e até escravos (Colossenses 3.22). Com isso, podemos concluir que Paulo assumiu que todas essas pessoas estariam reunidas para ouvir a leitura de sua carta e se beneficiariam das suas instruções. Paulo escreveu suas cartas sabendo que as crianças estariam lá com os seus pais, os maridos estariam presentes com suas respectivas esposas. Cada grupo seria capaz de ouvir a instrução que ele estava oferecendo aos outros grupos presentes. Um cônjuge saberia o que Deus esperava do outro cônjuge. Os filhos saberiam como Deus esperava que seus pais agissem em relação a eles, e também como deveriam agir um com o outro (como marido e mulher) no casamento.

2. *Os pais instruíram seus filhos em casa.* O livro aos Colossenses não menciona diretamente essa instrução aos pais cristãos (3.21), mas a carta de Paulo aos Efésios afirma claramente que os pais (e provavelmente também as mães) não devem irritar ou provocar seus filhos à ira, mas devem instruí-los e discipliná-los no Senhor (6.4). Deuteronômio 6 ilustra essa ideia de forma prática, mostrando como os pais deviam ensinar aos filhos a verdade sobre Deus, seu desejo pela completa devoção, e a necessidade de discutir e estudar a Palavra de Deus em casa. É provável que Paulo intencionava que os pais cristãos obedecessem às palavras de Efésios 6.4, conforme o padrão de Deuteronômio 6 – dando em sua casa instruções sobre Deus, suas expectativas e sua Palavra. Assim como as famílias de Israel, a família cristã deve ser marcada por uma interação espiritual regular entre pais e filhos.

{CARA}
Não importa se você é uma mãe que fica em casa ou que trabalha fora; você tem a responsabilidade de ajudar seu marido, na liderança dele no treinamento dos filhos. Esse treinamento nem sempre ocorre em um tempo formal, quando se reúnem. Mesmo em nossas atividades cotidiano, damos exemplo às crianças sobre confiar em Deus e agradecer-lhe em todas as situações. Precisamos mostrar amor por Deus e por sua Palavra, e encorajar nossos filhos a memorizar versículos e estudar a Bíblia conosco. Ao nos submetermos ao ensino e liderança do marido, encorajamos

os nossos filhos a submeterem-se à sua autoridade e ensino. Como esposa, sou exemplo a eles, ao me envolver durante o nosso tempo de adoração familiar, assim como espero que eles o façam. Quando meu marido se ausenta, eu reforço o que ele ensinou, em conversas com meus filhos sobre a Escritura durante a semana. Eu procuro ser exemplo ao fazer anotações, durante os nossos cultos dominicais, para também encorajar os nossos filhos a anotarem; e quando não sabiam ainda escrever, eu fazia isso em forma de desenhos.

※

3. Crianças submetidas ao ensino de seus pais. O ardente Reformador e pastor, Martinho Lutero, reconheceu sua responsabilidade de liderar a sua família como pastor e pai. Ele considerava o lar tanto como uma escola quanto uma igreja, e comparou o papel do pai em casa ao de um bispo ou de um sacerdote: "Abraão fazia de sua tenda uma casa de Deus e uma igreja, assim como qualquer chefe de família piedoso hoje, que instrui os seus filhos... em piedade. Portanto, tal casa é na realidade uma escola e uma igreja, e o chefe de família é um bispo e sacerdote em seu lar".[3]

A Escritura nos diz que os pais devem instruir e disciplinar seus filhos. Também nos diz que as crianças devem obedecer aos seus pais (Colossenses 3.20; Efésios 6.1). Paulo lembra as crianças reunidas na igreja de Colossenses que essa obediência "agrada ao Senhor" (3.20). Claramente, os pais cristãos na igreja primitiva tomavam tempo em conversas espirituais sobre Deus, em suas casas, e ensinavam os filhos a serem totalmente devotados a Deus e seguirem a Cristo. Como pais, eles eram modelo aos filhos, quanto ao significado de ser um seguidor de Jesus. Qual era a responsabilidade das crianças? Obedecerem ao que lhes era ensinado e colocarem em prática o que tinham aprendido.

Os pastores têm uma oportunidade maravilhosa, não só de liderar sua família em adoração, mas de prepará-la para o culto congregacional, na igreja. Aqui estão algumas sugestões para sua condução, no preparo de sua família para o culto coletivo.

Escolha o texto do sermão do próximo domingo como leitura em seu tempo de adoração com a família. Quando já tiver o texto sobre o qual pregará no próximo domingo e tiver algumas ideias que serão trabalhadas no sermão, compartilhe seus pontos de vista e ideias com sua família. Através dessa prática, aprendi que os nossos filhos conseguiam ouvir o sermão e entender verdades importantes, desde uma idade mais precoce do que eu poderia pensar ser possível.[4] Além disso, não subestime as valiosas percepções, perguntas e ilustrações que a sua esposa e filhos possam dar de contribuição. Muitas vezes, descubro que suas ideias, naquela altura da semana, tornam o meu sermão mais forte e ajudam a nossa congregação a compreender melhor as verdades bíblicas.

Cantem um hino ou cântico de adoração que está planejado para o próximo domingo. A maioria dos pastores desempenha algum papel no planejamento do culto, por isso provavelmente saberá que cânticos serão incluídos. Esse hábito estimula as crianças que ainda não sabem ler bem a se envolverem no cântico durante a adoração coletiva. Ao longo dos anos, os hinos cantados em nossos cultos de adoração em família desenvolveram em nossos filhos uma confiança para cantar bem, tanto no contexto particular quanto nos cultos públicos.

Ore pelas necessidades urgentes da congregação. O pai pode escolher diferentes formas para levar seus familiares a orarem juntos. Quer você ore pelos missionários de sua igreja ou pelos membros da igreja que estão doentes e sofrendo, ensinem seus filhos a orar pelas pessoas. Seja sábio sobre até onde pode compartilhar; mas, ainda assim, dê aos filhos (e esposa) orientações específicas sobre o que orar.

Preparar sua família para o culto público não é o seu principal objetivo durante o tempo de adoração em família, e isto não precisa ser feito todas as vezes que se reunirem, mas é uma grande oportunidade para ajudar seus filhos a valorizarem a experiência de adoração com a igreja reunida. Isto também os ajuda a compreenderem a ligação que há entre o culto que prestam no lar e sua adoração pública com a igreja. Como pastor, você tem a grande oportunidade de mostrar aos seus filhos, e ao mesmo tempo trabalhar com a igreja, a unidade essencial entre o nosso culto privado e o culto público.

Jonathan Edwards, conhecido como um dos maiores pastores e teólogos da América, serve-nos como modelo de fidelidade nesse quesito. À lista de suas distinções acadêmicas e literárias deve ser acrescentado o atributo de "marido e pai fiel". Um de seus biógrafos, George Marsden, relata o compromisso de Edwards em pastorear sua própria família:

> [Edwards] começava o dia com orações privadas, seguidas pelas orações em família, à luz de velas no inverno. Cada refeição era acompanhada por devocionais domésticas, e no final de cada dia Sarah juntava-se a ele em oração por seus estudos... O cuidado pela alma dos seus filhos era, naturalmente, a sua preeminente preocupação. Nas devoções matinais, ele os questionava sobre as Escrituras, com perguntas apropriadas às suas idades...[5]

Se lermos apenas o pequeno resumo acima, é fácil não percebermos o significado desses atos diários de ensino, de formação e cuidados pastorais. Edwards foi fiel no pastoreio da alma de cada um de sua família, e isso trouxe frutos às suas atividades públicas, como pastor e estudioso. A marca da sua paternidade e a fecundidade futura do reino podem ser atestadas pelo fato de seus onze filhos terem continuado a seguir o Senhor, durante muito tempo, depois dele ter partido. Mesmo com as atividades prementes que ele tinha a fazer, como pastor e líder da igreja, Edwards teve sabedoria e discernimento de olhar para o futuro e reconhecer que a tarefa de pastoreio familiar era importante, porque a alma de cada um de seus filhos estava em jogo. Era importante o suficiente para que ele dissesse não, de bom grado, a outras exigências do ministério, a fim de que ele pudesse concentrar-se em cuidar de sua família. Era importante o suficiente para que, mesmo no meio de um ministério frutífero, ele arranjasse tempo para os filhos. Infelizmente, muitos pastores, mesmo dentre os que foram contemporâneos de Edwards, não foram fiéis como ele na tarefa de pastorear a própria família, e por vezes isso trouxe consequências devastadoras. O exemplo de Edwards nos motiva à fidelidade, tal como o exemplo dos que foram negligentes nos serve de aviso. Qual será o seu legado espiritual como pai e pastor? No último capítulo vamos aprofundar essa questão, ao falarmos sobre como as coisas que fazemos hoje determinam o futuro dos nossos filhos e da nossa família.

QUESTÕES PARA DISCUTIR

Para o pastor e esposa discutirem juntos

1. Por que é importante que a família preste adoração junta?
2. O que todos podem fazer para que isso aconteça? O que estamos fazendo, neste momento, que é muito bom? O que podemos mudar ou fazer de forma diferente?
3. Que papel específico o marido deve ter no culto familiar? O que a esposa deve fazer? Que papel têm as crianças no nosso tempo de adoração familiar?
4. Como podemos utilizar o nosso tempo de culto familiar para ensinar melhor e preparar nossos filhos, para nos reunirmos com a igreja no domingo?

CAPÍTULO 7
PASTOREANDO COM EXPECTATIVAS

{BRIAN}

Um dos missionários mais célebres da história da igreja, David Livingstone, morreu cheio de grande pesar. Embora Livingstone tenha realizado muito em nome de Cristo, alcançando pessoas perdidas com a boa nova do evangelho, Doreen Moore escreveu sobre o pesar e tristeza que Livingstone carregou consigo, até o dia de sua morte. Depois do falecimento de sua esposa, Mary, ele foi levado a refletir sobre "suas fraquezas como marido e pai". Ele tinha muitos arrependimentos e gostaria de poder começar tudo de novo. As tristezas às quais ele submeteu sua família o levaram a se questionar se não deveria ter permanecido um celibatário.[1]

Como vimos no primeiro capítulo, o grande sucesso no ministério nem sempre corresponde a um grande sucesso na paternidade e no casamento. De fato, uma das coisas mais difíceis para o pastor é dar maior prioridade ao seu tempo com sua esposa e filhos.

Uma das figuras mais celebradas, talvez mesmo idolatradas, do ministério no último meio século foi o evangelista Billy Graham. Ele é assim reconhecido por uma boa razão. Milhões de pessoas em todo o mundo ouviram o evangelho através da sua pregação. Centenas de milhares afirmam ter sido convertidos sob o seu ministério.[2] O ministério de Billy Graham se tornou um modelo para outras iniciativas evangelísticas, sendo ele ainda uma figura icônica, especialmente para a Convenção Batista do Sul. Se qualquer pessoa no mundo pôde sentir-se em paz e segurança, sabendo que a sua vida fez a diferença no reino de Deus, certamente Billy Graham foi essa pessoa.

À luz desse espantoso sucesso ministerial, é importante que os pastores, evangelistas e missionários que se sentem tentados a relegar a segundo plano a sua família, para o bem dos seus ministérios ouçam as sóbrias palavras de Billy Graham:

> Este é um assunto difícil de escrever a respeito, mas ao longo dos anos a AEBG (Associação Evangelística Billy Graham) e a equipe tornaram-se a minha segunda família, sem que eu me apercebesse disso. Ruth [sua esposa] diz que aqueles de nós que estávamos fora, viajando, perdemos a melhor parte

da nossa vida – a de nos alegrarmos com os filhos, à medida que cresciam. Provavelmente ela tem razão. Eu estava muito ocupado em pregar em todo o mundo. Só a Ruth e as crianças podem avaliar o quanto aqueles longos tempos de separação significaram para eles. Quanto a mim, ao olhar para trás, agora sei que passei por esses anos bem mais carente, tanto na área psicológica quanto emocional. Perdi tanto por não estar em casa para ver as crianças crescerem e se desenvolverem! Meus filhos devem também trazer cicatrizes dessas separações...
Agora, advirto os jovens evangelistas a não cometerem os erros que cometi.[3]

Billy Graham também escreveu sobre os bons momentos que teve com os filhos, quando estava por perto. Ele falou sobre o amor que nutria por eles. Pela graça de Deus, ele teve bom relacionamento com os filhos, até o fim de sua vida. Deus foi, verdadeiramente, gracioso e fiel à família Graham. E embora ele não tenha sido culpado de negligência deliberada, ainda assim, lamentou. Conforme Billy Graham sinceramente compartilha, o seu maior lamento não tem a ver com outro lugar que deveria ter visitado ou um sermão que gostaria de ter pregado mais uma vez, ou ainda o desejo de ter alcançado mais pessoas com o evangelho (embora eu suponha que até ele teria algo a lamentar nesse ponto).

O pesar que sobe à primeira linha das suas memórias tem a ver com a forma como tratava a sua família, tornando-os uma baixa prioridade em sua vida. Aqueles que hoje desempenham o ministério pastoral precisam ouvir os avisos de homens como Billy Graham. Precisamos aprender com o passado e ouvir as palavras sábias daqueles que realizaram grandes coisas para Deus e, contudo, lamentam no final. Precisamos aprender com os seus erros. Esteja atento aos sinais de alerta e esteja preparado para fazer as alterações necessárias, para evitar padrões de negligência no seu casamento e família. Nunca é tarde para se arrepender e fazer ajustes na vida, que lhe permitam pastorear fielmente a alma dos membros da sua família. Com isto em mente, ofereço-lhes quatro sinais de aviso para você observar; são sinais que, se não forem trabalhados agora, poderão levá-lo a ter do de se arrepender, no final do seu ministério.

QUATRO SINAIS DE AVISO DE NEGLIGÊNCIA

Se ao dirigir o seu carro você se deparasse com este sinal de aviso: "Cuidado: Abismo à frente. Faça o retorno", você seria estúpido se continuasse conduzindo adiante, cegamente. No entanto, é exatamente isso que muitos pastores fazem. Eles veem os sinais de aviso, mas nada fazem para mudar a direção que sua vida está seguindo. Ao ler esta próxima seção, considere em oração se há evidência de algum destes sinais em sua vida. Se este é o caso, comece por se ajoelhar e clamar a Deus por ajuda. Depois encontre alguém – um pastor mais idoso ou amigo próximo, de confiança – e peça que ele o ajude a fazer as mudanças necessárias, a arrepender-se e trazer a sua vida de volta ao trilho.

1. Seu casamento está cheio de problemas. Um grande número de casais reconhece que têm problemas conjugais, mas erroneamente assumem que eles mesmos acharão as soluções. Com os pastores não é diferente. Ao contrário, os pastores enfrentam barreiras ainda maiores para se abrirem e serem sinceros. Eles enfrentam fortes tentações de esconder ou encobrir as suas dificuldades conjugais, mantendo isto distante da igreja. O casamento do pastor pode ser arruinado por várias razões, algumas ligadas ao próprio relacionamento, e outras associadas aos desafios e pressões específicas do ministério pastoral. Independentemente da causa do problema, se o seu casamento estiver em derrocada, precisará de ajuda para reconstruí-lo. Eu o aconselho a procurar ajuda externa, para o bem de seu casamento, de seus filhos e do ministério (1 Timóteo 3.4-5). Como mencionei anteriormente, o seu casamento e a forma como ele retrata o evangelho, demonstrando assim a pessoa de Cristo aos outros, é um aspecto essencial do seu ministério pastoral. Se o seu casamento está em luta, o seu ministério também está

– mesmo que tudo pareça estar bem na igreja. Faça uma pausa e considere honestamente os problemas no seu relacionamento matrimonial, identifique onde existem áreas debilitadas, e tome medidas para salvar o seu casamento. (*Cara: Esposas, nunca é demais salientar a necessidade de sermos abertas, honestas e transparentes com o marido. Temos de ser pró-ativas na proteção de nosso casamento. Precisamos estar dispostas a sermos corrigidas. Temos de perdoar o marido, graciosamente, quando ele falha conosco, e temos de estar prontas a pedir perdão, quando falhamos com ele.*)

2. **Você tem lidado com um filho amargurado.** O clichê "filho rebelde e amargurado", de pastor ou de missionário, existe por uma boa razão – muitas vezes isso é verdade. Billy Graham refletiu certa ocasião sobre a vida do filho de pastor: "Eles têm frequentemente períodos difíceis, se não desastrosos, na vida. Talvez as pessoas esperem muito deles, por serem filhos de quem são. Ou talvez eles esperem muito de si mesmos, fazendo cobranças exageradas a si próprios, para viverem à altura das expectativas dos outros".[4] Além das expectativas irreais, eu gostaria de acrescentar outra razão pela qual muitos filhos de pastores e missionários sofrem. As conversas que tenho tido com esses filhos, ao longo dos anos, têm-me levado a acreditar que parte dessa rebeldia contra os pais e o desencanto com a igreja resultaram de promessas não cumpridas; promessas que

os seus pais fizeram ao longo dos anos e não conseguiram cumprir.

O pastor promete ao filho que vai ao jogo de futebol, mas descobre que não teve tempo de terminar o sermão, e tem que ficar estudando; ou promete estar em casa para jantar em uma hora marcada, mas chega sempre atrasado. O pastor se compromete de ler com a filha à noite, mas descobre que a ligação ao telefone com aquele membro com problemas levará mais tempo do que o esperado. Quando o pastor experimenta a pressão do ministério, não é apenas a sua esposa que sofre com sua negligência; seus filhos também experimentam pressões distintas, e a mais comum é o padrão de não cumprir as promessas. Esse padrão desgasta a credibilidade do pai. As promessas quebradas traduzem-se em hipocrisia, e é fácil que o filho transfira para a sua fé em Deus a sua desilusão com seu pai. Embora um filho amargurado seja, em última análise, o resultado de um coração pecaminoso e que precisa de Cristo, seríamos tolos em ignorar a importante influência que um pai exerce na formação de seus filhos. Se você tem um padrão de quebrar promessas com sua família, precisa avaliar o efeito que isso pode exercer na disposição deles em confiar no que você diz. A longo prazo, os resultados podem ser sérios.

3. *Você está em uma igreja exigente.* Todas as igrejas têm exigências com seus pastores, mas algumas são

mais exigentes do que outras. Algumas aprendem a respeitar os limites estabelecidos pelo pastor, em relação à sua família, mas outras não. É preciso estar atento com a maneira que a igreja trata a sua família e estabelecer, cuidadosamente, os limites para proteger o seu tempo com os seus entes queridos. Em parte, você precisará discernir se as exigências estão realmente partindo da igreja ou se foram autoimpostas. Com o passar do tempo, houve mudanças nas exigências e expectativas da igreja onde estou servindo. Quando ali cheguei pela primeira vez, descobri que havia expectativas irrealistas relacionadas ao uso do meu tempo. A igreja estava relutante em deixar-me usar o meu tempo de férias combinado. Agora, anos mais tarde, serei repreendido se ao final do ano não tiver utilizado todo o meu tempo de férias! Ao longo dos anos me esforcei para estabelecer limites claros e desenvolver uma cultura que compreende e valoriza o que é ter um pastor saudável. Uma igreja exigente afastará constantemente o pastor da sua família, e se essa igreja não mudar a forma como se relaciona com ele, isto é um sinal de aviso que haverá problemas à frente. É preciso exercer discernimento e ter algumas conversas honestas com os líderes da igreja, para determinar se as expectativas são provenientes da igreja ou se a sua própria consciência está criando tais demandas.

Quando nossa filha mais velha tinha três anos de idade, ela contraiu pneumonia, o que exigiu hospitalização. Certa quarta-feira à noite eu precisei optar entre ministrar o estudo bíblico ou regressar ao hospital para ajudar a minha mulher a cuidar de nossa filha doente. Eu ainda era bastante novo na igreja, mas a conhecia o suficiente para saber que me dispensariam de bom grado, para que eu pudesse estar com a minha família. No entanto, em vez disso, escolhi estar na igreja. Até ignorei o conselho do meu pastor auxiliar, que se ofereceu para ensinar no meu lugar naquela noite. A única pressão para eu estar na igreja naquela noite foi a da minha própria consciência equivocada, e não a expectativa da igreja. Sim, as igrejas podem ser exigentes, mas certifique-se de separar as suas próprias expectativas e as expectativas da sua igreja. Você poderá ficar surpreso ao saber que muitas das exigências com as quais convive (e sobre as quais se queixa) são, na realidade, suas próprias exigências.

4. *Você sente um peso de lamento no coração.* Confesso que amo passar tempo com pastores mais idosos. Procuro aconselhar-me com eles, peço suas opiniões e aprendo com suas histórias. Quando falo com pastores experientes, que já têm filhos crescidos, ouço deles frequentemente um arrependimento comum: "Quem me dera ter passado mais tempo com os meus filhos". Mais uma vez, eu sei que isso pode parecer um clichê antigo, mas é assustador ver o quanto é comum ouvir tais palavras de pastores que admiro e respeito. Muitos deles ainda diriam que já tinham esse sentimento mesmo quando seus filhos eram mais novos, mas não deram atenção a isso, porque foram envolvidos nos afazeres do ministério. Gaste um tempo em conversas com pastores mais idosos. Aprenda com aqueles que fielmente pastorearam os seus filhos e também com os que têm um coração arrependido e partido. Ouvi-los falar de sua dor pode ser uma grande bênção para você. Isso pode alertá-lo sobre as consequências do seu pecado, encorajá-lo a arrepender-se e a mudar, e levar você a olhar com mais empatia para aquele que sofre. Além disso, pode ser o incentivo que faltava, para que você tome a decisão que precisa tomar, para o bem da sua família.

Ao ler este texto, você pode concluir que já é tarde demais para você. Os seus filhos já cresceram, seus relacionamentos estão arruinados, e o arrependimento é tudo que lhe restou. Lembre-se de que o evangelho tem o poder de restaurar relacionamentos. Ele nos restaura ao nosso Pai celestial e tem o poder de restabelecer qualquer relacionamento quebrado em nossa vida – inclusive quaisquer relações com os filhos que tenham sido prejudicados pelas pressões do ministério. Mesmo o pastor que mais tenha a se lamentar pode canalizar a sua tristeza em oração e esperar que Deus possa curar essas relações danificadas, mas tudo começa com a graça de Deus em Cristo. É preciso receber a esperança do evangelho, como um homem humilde e quebrantado.

CINCO MANEIRAS DE EVITAR A NEGLIGÊNCIA

Os sinais de aviso ajudam-nos a avaliar a condição de nossa família e a qualidade dos nossos cuidados com ela. Podem também servir como um motivador para sermos fiéis. No entanto, o melhor remédio para combater a negligência com a família não é apenas reparar em um sinal de aviso; é também tomar medidas para inverter tal padrão.

A esperança do evangelho inclui o perdão e a misericórdia de Deus que se renova a cada manhã. Seja qual for a sua situação neste momento, você pode com a ajuda de Deus arrepender-se, mudar os padrões da sua vida e estabelecer precauções, para evitar futuros descuidos.

As boas novas de Cristo nos dão esperança de que podemos realmente ser mudados, que Deus pode nos transformar e fazer de nós novas pessoas. Aqui estão cinco maneiras práticas de inverter os padrões em sua vida e evitar que a sua família prossiga sendo negligenciada. Fazer estas cinco coisas não resolverá tudo, mas juntamente com o poder do evangelho e com a fé em Cristo elas podem ajudá-lo a estabelecer novos padrões.

1. *Tire um dia de folga por semana.* Começo por esse hábito por várias razões. Primeiro, porque o domingo é um dia de trabalho para todo pastor. Eu sei que é o Dia do Senhor. Eu sei que alguns pastores pregam no domingo, e outros não. De qualquer forma, enquanto a maioria das pessoas da igreja estão tendo uma pausa da labuta semanal, para o pastor o domingo é um dos dias mais ocupados. É muitas vezes um dia alegre, mas também pode ser um dia de exaustão emocional. Está longe de ser um dia tranquilo e de descanso.

Em segundo lugar, o pastor nunca deixa realmente de lado o seu trabalho. Não importa como você ocupe suas noites ou o quanto tenta desligar-se da igreja, pois nunca se desligará completamente. O telefone pode não tocar e ninguém passar por sua casa, mas o próximo sermão ainda estará na sua mente e no seu coração; a batalha daquele irmão idoso e piedoso com câncer ainda pesa nos seus ombros; e quando você deixa seu gabinete, o peso do cuidado com os outros não desaparece como que por mágica, até às nove horas na manhã seguinte. O fardo pode nunca sair completamente, mas ter um dia por semana para se concentrar exclusivamente em sua família é inestimável para criar resistência durável no ministério.

Uma última razão pela qual você necessita de um dia de folga todas as semanas, inteiramente distanciado do seu envolvimento na igreja, é que isso comunica que a sua família está em primeiro lugar – que eles são uma prioridade para você. A família do pastor faz muitos sacrifícios. Ter um dia em que a sua família sabe que terá a sua atenção exclusiva, isto comunica o seu amor por ela, de uma forma que as palavras não conseguem fazê-lo. É uma demonstração de amor por sua esposa e filhos agendar regularmente um dia para estar com eles, e assim assumir esse compromisso, mesmo que as coisas não estejam bem na igreja.

{CARA}
Certifique-se de que este dia de folga não é apenas para estar com a família, mas também um dia para o seu marido descansar dos seus trabalhos semanais. Pode ser usado para encontros individuais, para diversão em família e para relaxar juntos. Por vezes, caímos na armadilha de tentar realizar muitas tarefas, porque é o dia de folga do papai e nós contamos com sua ajuda. Ainda que o seu marido esteja disposto a realizar as tarefas, encoraje-o a tirar de fato um dia de folga. Se algumas coisas na nossa lista de afazeres podem esperar, bem, então elas precisam esperar. Afinal, não vamos nos lembrar da pilha de roupa suja que não foi lavada, mas vamos nos lembrar do tempo que não aproveitamos para estar com o marido e com a nossa família.

2. Use todo o seu tempo de férias. Há alguns anos fui amorosamente confrontado por um querido amigo e colega pastor, que me repreendeu por não utilizar todo o meu tempo de férias. Ele me deu várias razões para eu tirar todos os dias devidos – algo que eu nunca tinha feito antes. Começou por salientar que o tempo de férias é um tempo separado para mim. Os pastores nunca tiram uma folga de fato; eles estão sempre de prontidão. As férias permitem-nos recuperar o fôlego, nos afastarmos da correria e sermos renovados. É um tempo de descanso! Se você é pastor, é provável que conheça o nível de sua utilidade quando está exausto, distraído, e desgastado mental e emocionalmente. As férias proporcionam tempo para recarregar. Use-as sabiamente para essa finalidade.

O tempo de férias também rende benefícios para a sua família. Tão importante quanto o dia que é reservado cada semana para descanso pessoal, assim também é importante o período de férias, em que a sua família não tem de compartilhar você com a igreja. Quando não consegue utilizar todo o tempo de férias aprovado pela igreja, você rouba de sua família o direito de receber sua atenção e cuidados mais intencionais.

Seu tempo de férias é também uma pausa para a igreja. Muitos pastores lutam com o pensamento de que a igreja não consegue sobreviver sem eles. Usar todo o seu tempo de férias força outras pessoas a se dedicarem; mostra a elas que conseguem ficar algum tempo sem sua presença, e lembra você de que Deus não depende da sua pessoa para a igreja funcionar. Os pastores são substituíveis, e precisamos de doses regulares de humildade para nos recordarmos disso.

3. *Desfrute de cada minuto*. Enquanto eu tomava café com um querido pastor amigo meu, fiz uma atualização sobre a minha família. Compartilhei com ele que todos os nossos quatro filhos haviam saído da fase de bebês e de engatinhar, e que agora passamos a desfrutar de uma nova fase da vida, com várias atividades divertidas, ao ver nossos filhos se tornarem "pessoinhas". Ao partilhar essa informação, reparei que meu amigo tinha lágrimas nos olhos. Ele disse: "Quem dera eu tivesse desfrutado mais dos meus filhos quando eram pequenos". Esse era um homem que eu conhecia bem; um pastor que tinha feito tanta coisa e com qualidade. Ele achava tempo para a sua família e passava tempo com cada um dos seus filhos individualmente. Ele frequentava os jogos de futebol e eventos importantes das crianças. Pelo que parecia, ele poderia receber o prêmio de "Pai do Ano". Apesar de tudo, ele confessou o quanto tinha permitido que o estresse do ministério desviasse a sua mente, enquanto estava com seus filhos, particularmente quando eram menores. Provavelmente os filhos nem notaram esse fato, mas aconteceu. Agora, seus filhos cresceram e já não vivem em casa. "O tempo de estar com eles todos os dias já se foi", ele disse.

Vi a tristeza no rosto daquele homem – um pastor muito fiel, bem conhecido e bem-sucedido. Ao me lembrar de sua tristeza, sou levado a fazer um sério "exame da mente e do coração". Sempre que saio da igreja para estar com minha família, estou ciente do presente que eles são para mim, e tento desfrutar de cada minuto que posso estar com eles, em cada fase da vida.

Há muitas coisas boas e maravilhosas que podem ser feitas em seu ministério. Há muitas bênçãos para desfrutar na obra pastoral. Mas também sei que há muita coisa para nos distrair. Eu sei que os bons e piedosos fardos que temos a carregar não são removidos por passe de mágica, quando voltamos para casa. Também sei de muitos pastores jovens que trabalham excessivamente, para tentar provar para os duvidosos que eles são bons e fiéis. Porém, se no final das contas tentarmos provar alguma coisa a alguém, acabaremos pagando um preço que lamentaremos mais tarde. Seja fiel à sua vocação, mas lembre-se de desfrutar da sua família. Ame e valorize as fases preciosas da vida deles, pois estes são tempos que não duram muito.

{CARA}

Aprecie o seu marido! Quando foi a última vez que você parou para pensar em todas as coisas que admira no seu marido? Quando foi a última vez que considerou as pressões e exigências que ele enfrenta diariamente? Quando foi a última vez que lhe agradeceu por tudo o que ele faz pela família? Quando foi a última vez que saiu com ele e se alegrou por sua companhia? O marido precisa saber que não apenas queremos tê-lo por perto, mas que também gostamos de tê-lo junto a nós. Precisamos resistir à tentação de encontrá-lo à porta com a nossa lista de afazeres ou a nossa lista de reclamações sobre o nosso dia. Não estou dizendo que não podemos compartilhar com ele essas coisas, mas o que precisamos de fato é pensar sobre a primeira coisa que queremos que ele experimente, ao entrar por aquela porta, e depois cuidar para que isso aconteça. O que você esperaria, ao chegar em casa depois de passar o dia todo fora? Tenha como prioridade fazer com que os seus primeiros cinco minutos em casa sejam agradáveis.

4. Deixe o telefone tocar. Eu sei que isso pode parecer simplista, mas há um grande efeito numa chamada telefônica não atendida. Desenvolvi o hábito de não responder às ligações durante o jantar. No início, eu não tinha noção do impacto que a minha atenção, a cada chamada telefônica, exercia sobre a minha família. Anteriormente, eu sempre deixava a mesa para atender o telefone, e eles notavam isso. Quando mudei minha prática e escolhi não atender, eles também notaram. Pouco depois me perguntaram por que eu não estava atendendo o telefone. Eu disse: "Porque este é o meu tempo com vocês e, seja quem for, pode esperar". Quando eu vi a reação de surpresa e de alegria em seus olhares, percebi o impacto do que eu estava fazendo. Eu estava comunicando que o meu tempo com eles era valioso e importante; mais importante do que qualquer outra coisa. Até percebi que ficou mais fácil para eles me liberarem em outras ocasiões, porque eu tinha comunicado o quanto eram importantes para mim, de uma forma bastante concreta. Até me senti menos culpado quando precisei me ausentar, porque sabia que eu havia estabelecido os limites. Experimente por você mesmo. Quando você toma uma decisão intencional e visível como essa, você se comunica com eles de uma forma que as palavras não conseguem fazer.

5. *Avalie o equilíbrio em sua vida.* Não conheço nenhuma fórmula mágica que lhe diga quando deve trabalhar e quando deve dar mais tempo à sua família. As conversas frequentes, com sua esposa e filhos, são essenciais para encontrar a medida justa do equilíbrio entre as necessidades pontuais da sua família e o contexto específico da sua igreja ou ministério. A primeira conversa, e também a mais esclarecedora, será com a sua esposa. Mais que ninguém, ela sabe o quanto você trabalha e quais são as necessidades da sua família. A próxima conversa pode ser com os seus colegas pastores ou outros líderes reconhecidos da sua

igreja, em quem você confia. Eu informo aos meus colegas pastores tanto sobre meu trabalho quanto sobre meu cuidado com a minha família. Essas conversas me fazem sentir responsável para que não venha a trabalhar mais que sessenta horas por semana, a tirar um dia de folga todas as semanas, a fazer o culto doméstico duas a três vezes por semana depois do jantar, e a encontrar-me individualmente com meus filhos, em noites separadas, semanalmente. Procure encontrar o equilíbrio que é adequado para você, para a sua família e para o seu ministério. Talvez você tenha que implementar esse plano com diligência e alguma disciplina, e lhe recomendo que o submeta à apreciação daqueles em quem confia.

{CARA}

Esposas, precisamos estar dispostas a participar dessas conversas. É sério, você precisa se expressar! O marido não está em casa o dia todo; portanto, não podemos esperar que ele saiba como a família está indo ou de quê a família precisa. Precisamos estar prontas a dizer: "Isto é demais para podermos aguentar". Quais são alguns dos sinais de alerta de que a vida anda muito agitada? Bem, normalmente começa com os nossos filhos se comportando mal e de forma exagerada. Nossos filhos, sendo crianças, por vezes se comportam mal; mas, ocasionalmente, agem assim por causa da nossa vida estressada.

Eles também sentem essa pressão. Outro sinal de alerta é quando começo a me sentir sobrecarregada e esgotada. Eu tento dar o meu máximo, mas às vezes não consigo continuar. Estou convencida de que Deus me fez dessa forma, para dar equilíbrio ao meu marido e sinalizar que ele exagerou um pouco com nossa família, com as suas demandas. No entanto, ele nunca saberia essas coisas, se eu não me abrisse com ele. Agora, não estou sugerindo que você resmungue ou grite com o seu marido, mas que, com humildade, você reconheça que não está conseguindo lidar bem com a vida. Essas não são conversas fáceis, mas são necessárias e muito proveitosas.

No fim das contas, o legado deixado pelo pastor não está apenas em suas próprias mãos. Pertencemos a um Deus soberano que tem, e somente ele tem, o poder de despertar a alma para a glória de Cristo. Em última análise, Deus é o único que escreve a história das nossas famílias. Billy Graham, embora tivesse coisas a lamentar, seria o primeiro a reconhecer a graça de Deus operando na vida dos seus filhos, apesar do seu pecado e fracasso como pai e marido. Entretanto, o fato de Deus ser soberano e gracioso não deve nos levar a perder de vista a nossa contribuição. Ao contrário, devemos ficar ainda mais motivados à luz da misericórdia de Deus, partindo da maravilhosa graça proveniente da cruz ao amor sacrificial, e do nosso compromisso de fidelidade para com a esposa e para com os nossos filhos. Você pode ter cometido erros e ser culpado de negligenciar a sua família, mas ainda há esperança no poder transformador do evangelho. Busque por essa esperança hoje, sabendo que é fiel o Deus que o chamou para ser pastor, marido e pai. Ele salva aqueles que clamam por ele, e é fiel para abençoar os que humildemente o procuram e dependem de sua graça.

QUESTÕES PARA DISCUTIR

Para o pastor e a esposa discutirem juntos

1. Que sinais de negligência podemos ver em nossa vida juntos?
2. Quais são os pontos difíceis de nosso casamento? De que maneiras desfrutamos um do outro?
3. Quais evidências vemos de que os nossos filhos amam a igreja? Há sinais de que existem neles alguns ressentimentos?
4. Como está o equilíbrio entre a nossa vida familiar e a vida na igreja? O que precisa de mudança?
5. Quais das cinco aplicações práticas mais importa implementar, para nos protegermos da negligência?

REFLEXÃO

*PENSAMENTOS DE UM FILHO DE PASTOR**

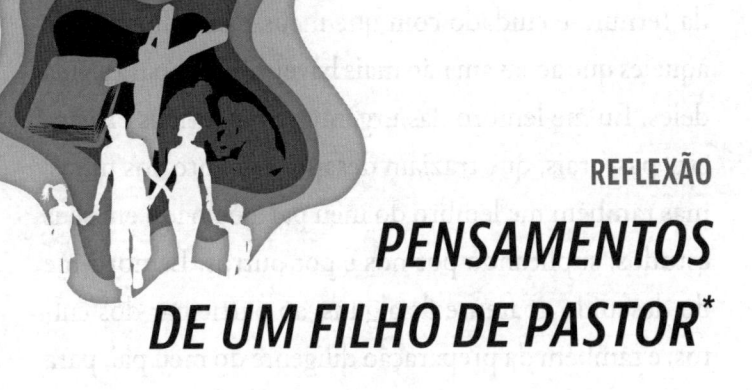

Como você, filho de pastor, mantém a unidade entre as exigências e as tensões da vida, na casa de um fiel pastor das ovelhas de Cristo? O meu pai combateu pela causa de Cristo, fora e dentro do lar, cuidando de sua esposa e lutando pela alma de seus filhos, mesmo enquanto procurava cuidar do rebanho de Deus e alcançar os perdidos. A chamada para ser pastor torna o seu lar em um lugar onde os pontos mais inferiores do pecado e os pontos mais altos da graça parecem estar colocados muito próximos.

Assim, lembro-me do desprezo proferido por alguém que criticou o meu pai e o seu trabalho, mas também das lágrimas de outro ao saber que, ao ser convertido, foi descartada completamente a possibilidade de sua perdição eterna. Lembro-me daqueles que pensavam ser a única prioridade do meu pai, mas também

---

* Esta reflexão é escrita por um filho de pastor, que cresceu e também se tornou pastor.

da ternura e cuidado com que meus pais ministravam àqueles que achavam não mais haver solução para a vida deles. Eu me lembro das urgentes e repentinas exigências pastorais, que traziam desapontamento aos filhos, mas também me lembro do meu pai ajoelhado em seus estudos, suplicando por nós e por outros. Lembro-me do descuido aparente de alguns, ao participar dos cultos, e também da preparação diligente do meu pai, para pregar no domingo, de manhã e à noite, semana após semana. Lembro-me da maldade das acusações por vezes trazidas à porta de um pastor fiel, e da dor desse pastor, chorando por causa daquele difamador.

O filho de pastor vê frequentemente o pior do mundo e o pior da igreja. Ele testemunha o descaso e o descuido dos discípulos de Cristo, em suas fraquezas e pecados. Não se pode dourar a vida cristã quando se vive na casa de um pastor, e os meus pais eram honestos demais para tentar fazer isso.

Assim, ao crescer, e antes de me converter a Cristo, o mundo parecia pintado em cores muito escuras. Entendo o fato de que nem todos os filhos de pastores viverão essa mesma experiência, mas lutei não só com o meu próprio pecado, mas também com a pecaminosidade de outros. Somente depois que o Deus misericordioso começou a lidar com o meu próprio coração foi que isso começou a mudar. Então pude ver não só a feiura do pecado humano, mas também a beleza da graça divina e soberana – graça que foi proeminente na vida dos meus pais e no ministério dele.

Após a minha conversão, não tive o desejo específico de me tornar pastor, não pelo fato de saber o que estava envolvido nisso, pois eu entendia que o nosso Pai celestial sabe como proteger e cuidar dos seus servos. Eu sabia que valia a pena amar e servir o Deus do meu pai – amá-lo muito e servi-lo bem. Eu conhecia o custo, mas também conhecia as alegrias, as bênçãos e as recompensas. Se o filho de pastor vê o pior, por vezes ele também vê o melhor.

Quando penso no meu pai, penso na descrição de Natanael: "Um israelita em quem não há dolo". Meu pai não é um homem perfeito nem um pastor perfeito, e eu estou muito longe de ser como ele. Mas o Deus que servimos é totalmente santo e totalmente gracioso, e a graça do seu Filho é suficiente para todos os seus servos e suas famílias. Meu pai nem de longe deixou de ser um pecador, mas sempre procurou servir a Cristo com transparência e fidelidade, e é isso que os filhos dos pastores precisam ver.

A melhor maneira de ensinar os seus filhos a amar a igreja e o seu ministério é ensinando-os a amar a Jesus Cristo, o cabeça da igreja; amar a igreja, que é o corpo de Cristo; e, amar, com um amor semelhante ao de Cristo, a família que o Senhor lhes deu. Em última análise, a estabilidade e a segurança de um filho de pastor encontram-se em um lar e em uma família onde o pai diz: "Eu e a minha casa serviremos ao Senhor" (Josué 24.15). Somente quando Cristo está no trono é que tudo o mais pode estar em ordem.

O pastor não pode isolar inteiramente a sua família das realidades da vida neste mundo pecaminoso, e não penso que ele deva tentar fazer isso. Seu dever é o de proteger, mas não o de iludir. O que ele pode e deve fazer é conduzir seus filhos a Cristo, através de seus ensinamentos e exemplos, e com oração treiná-los a viver para a glória de Deus, em seu percurso neste mundo. Visto que a realidade do pecado e da graça podem ser tão evidentes no lar de um pastor, isto proporciona uma boa oportunidade para se explicar e salientar a doutrina de Deus.

CONCLUSÃO
FIEL À FAMÍLIA, FRUTÍFERO NO MINISTÉRIO

{BRIAN}

Ao longo deste livro, procurei confrontar a suposição comum de que a grandeza no reino de Deus se baseia no sucesso ou na popularidade que se observa no ministério de alguém. Em vez disso, tenho argumentado que o sucesso também depende da fidelidade em servir humildemente nas áreas menos glamourosas da vida e da vocação pastoral. Uma das áreas com bem menos *glamour* é a forma como um pastor cuida da sua família – amando e pastoreando a sua esposa e filhos.

Alguns podem ser tentados a acreditar que é impossível ter sucesso no ministério e, ao mesmo tempo, ministrar fielmente à sua família. Por isso, ao concluir, destaco vários homens que são considerados grandes personalidades na história, e que também demonstraram muita fidelidade no trato com a sua família. Faríamos bem em imitar homens como estes, que realizaram ministérios frutíferos e também cuidaram dedicadamente da família.

Embora não tenhamos registros extensos do dia a dia de muitos pastores, vários deles deixaram palavras escritas que evidenciam um profundo afeto por sua esposa. Por exemplo, o pastor batista do século 18, Samuel Pearce, fez um esforço significativo para cuidar de sua esposa ao longo do casamento. Certa vez, escreveu a ela estas palavras: "Cada dia aumenta não só a minha ternura, mas também a minha estima por você. Sendo eu chamado, como agora sou, para me envolver muito com a sociedade, com todas as classes, tenho diariamente oportunidade de fazer comentários sobre o temperamento humano e, no fim das contas, tenho visto e pensado que meu julgamento e meu afeto ainda a aprova como a melhor das mulheres para mim... Começo a contar os dias, esperando que me levem a desfrutar novamente de sua querida companhia".[1]

Também encontramos esse padrão de apreço e estima pela esposa na vida do grande pregador e presidente do Seminário Teológico Batista do Sul, John Broadus. Ele escreveu de forma aberta e afetuosa para sua esposa, Lottie, como se fossem suas palavras finais a ela: "Eu lhe digo agora, aqui nesta noite calma, no quarto onde a esta hora frequentemente caímos no sono juntos, na casa onde ganhei pela primeira vez seu tímido consentimento para ser minha noiva, que a amo mais agora do que antes, eu a amo mais e mais, a cada um desses cinco anos passados – e que a amo o quanto eu conseguiria amar, ou que poderia aprender a amar uma pessoa".[2]

Outros pastores foram exemplos fiéis para a sua própria família, liderando-a na adoração e discipulando-a em seu relacionamento com Deus. Vemos isso no compromisso de Martyn Lloyd-Jones, um dos pregadores mais influentes do século 20, em seu padrão regular de oração com sua esposa e filhos. Em sua biografia, Ian Murray escreveu: "A oração em família marcava o encerramento de cada dia. Após a sua morte, Bethan Lloyd-Jones afirmou que foi nessa área que ela experimentou a maior perda".[3]

Para mim, provavelmente um dos exemplos mais influentes de cuidado com a família pode ser visto em Richard Baxter, o grande pastor puritano inglês do século 17. Baxter desenvolveu uma reputação ministerial sem precedentes em Kidderminster, pela forma como cuidou com firmeza da alma de cada membro de sua congregação. Embora muitos conheçam e tenham sido influenciados pelos escritos pastorais de Baxter sobre o cuidado das almas na igreja (*O Pastor Aprovado* é o seu trabalho clássico sobre o assunto), poucos sabem sobre o seu incrível amor e compromisso com sua esposa. Eles foram casados por dezenove anos, até a morte inesperada de sua esposa, com a idade de quarenta e cinco anos. Ainda lidando com a superação dessa grande perda em sua vida, Baxter escreveu um tributo de amor à sua esposa, Margaret.

J. I. Packer, comentando sobre a homenagem de Baxter à sua esposa, teve isto a dizer: "[Esta] é sem dúvida a melhor parte da 'biografia de Baxter' [citando um de seus biógrafos], e espera-se que quem o escreveu tenha se beneficiado tanto quanto essa leitura possa nos beneficiar".[4]

A história da Igreja está repleta de muitos homens que foram motivadores e influentes na causa do reino de Deus. Foram homens muito fecundos nos seus ministérios e servos tranquilos e fiéis nas suas casas. O equilíbrio entre a família e o ministério que, pela graça de Deus, eles buscaram atingir, deveria lembrar cada um de nós, pastores no século 21, que esse equilíbrio é possível e vale a pena ser buscado, a todo custo. O poder transformador do evangelho e nossa poderosa vocação bíblica perante Deus são suficientes para ajudar todos os pastores submissos ao pastoreio do Senhor Jesus Cristo a serem fiéis, não apenas aos nossos ministérios fora do nosso lar, mas também dentro dele.

Deixo-lhes este lembrete essencial: A sua esposa é o maior dom e bem terreno que Deus lhe deu, tanto no seu ministério como em sua vida familiar. Ela é aquela que o levantará quando estiver abatido. Ela lhe dirá as coisas difíceis que ninguém lhe dirá, ela o confrontará quando estiver enganado, e recordará aos filhos o valor do seu trabalho quando não estiver em casa. Ela estará presente quando outros o abandonarem. Richard Baxter recorda-nos o dom precioso de uma esposa, escrevendo como pastor e viúvo sobre seu amor pela esposa:

> Ela estava muito desejosa de que todos nós vivêssemos em constante devoção e em pureza irrepreensível. E a esse respeito, ela era a ajudante mais adequada que eu poderia ter no mundo... pois eu era propenso a ser muito descuidado no meu falar e bem devagar nos meus afazeres, e ela estava sempre tentando me levar a ser mais consciente e disciplinado em ambos. Se ao falar eu fosse precipitado ou rude, isso a ofendia; se eu me comportasse (como era minha tendência) com demasiado descuido em ocasiões formais, ou deixasse de fazer um pequeno elogio a alguém, ela modestamente me falaria disso; se a minha aparência não estivesse agradável, ela faria com que eu cuidasse disso (mesmo que uma fraqueza e dor corporal me indispusesse a fazê-lo); se em alguma semana eu me esquecesse de catequizar os meus serviçais e deixasse de instruí-los pessoalmente (além dos meus deveres familiares normais [isto é, ter as orações domésticas duas vezes por dia]), ela ficaria perturbada com o meu descuido.[5]

Ao se dispor a realizar grandes coisas pelo reino de Deus e a ser fiel à sua família, não descuide de levar consigo na jornada a sua esposa, amada e companheira de sua vida. Ela é a maior extensão da graça de Deus na sua vida cotidiana. Lembre a si mesmo e a ela essa verdade regularmente e desfrute da sua vida, da sua família e do seu ministério juntos, para a glória de Deus.

POSFÁCIO

CONFISSÕES DE UMA ESPOSA DE PASTOR

{CARA}

Quando eu e Brian namorávamos, eu sabia que ele queria estar no ministério. Na verdade, naquela altura ele era estagiário em um ministério para jovens. Lembro-me de lhe perguntar especificamente se desejava servir como pastor sênior, e ele respondeu com um enfático "Não".

Mas aqui estamos nós, ele é agora um pastor sênior e eu sou uma esposa de pastor.

Eu nunca teria escolhido essa vida para mim. Eu tinha muito medo e ansiedade com a ideia de assumir esse papel. Senti que poderia lidar com uma situação em que Brian ocupasse uma posição de pastor auxiliar, porque eu conhecia a minha família, e não precisaríamos enfrentar as mesmas expectativas que ele teria que enfrentar como líder principal da igreja.

Vocês podem imaginar a minha surpresa quando Brian me falou sobre uma igreja que estava procurando um pastor sênior e que queria candidatar-se ao cargo. Pensei comigo mesma: "É sério? Tem certeza? Será que o ouvi bem? Será que estou tendo um pesadelo?"

Concordei em apoiar a sua decisão de se candidatar, mas comecei imediatamente a orar fervorosamente para que Deus fechasse aquela porta. Em vez disso, Deus a abriu ainda mais. A minha ansiedade cresceu rapidamente. Parecia que o comitê de busca de pastores estava considerando seriamente cada vez mais o nome do Brian. Ele foi entrevistado, pregou naquela igreja e, antes que eu percebesse, foi-lhe oferecido o trabalho. Numa questão de meses, fomos entrevistados, aceitamos o trabalho, vendemos a nossa casa (que tínhamos acabado de construir e onde vivemos apenas por sete meses) e nos mudamos, para nos envolvermos com aquela nova igreja.

Muitas coisas mudaram em mim durante esse tempo. Quanto mais orava, pedindo a Deus para não chamar o meu marido para aquele cargo, mais Deus trabalhava em meu coração. Brian era claramente dotado para ensinar e pregar, e ele tinha um grande desejo de pastorear e cuidar das pessoas. Eu também sabia que ele tinha um grande desejo de cuidar da nossa família e de mim.

A minha maior hesitação era devido ao medo. Havia muitas incógnitas. Por quanto tempo a igreja conseguiria nos sustentar? Como éramos a única família jovem da igreja, será que alguma família ou casal jovem se juntaria a nós? Quem nos ajudaria no trabalho, uma vez que não podíamos fazer tudo sozinhos? Mas a maior questão com que lutei foi esta: *Como vou me sair como esposa de pastor?* Eu duvidava da minha própria capacidade. Temia não estar à altura da chamada.

Não me senti preparada para a tarefa que me aguardava. Eu tinha dois filhos pequenos e estava grávida do terceiro. Temia que os nossos filhos crescessem ressentidos com a vida familiar de um pastor, e não queria que ficassem amargurados com a igreja. Eu não sabia se saberia lidar com as pessoas que criticassem o meu marido. Não sabia se conseguiria manter a boca fechada. Pensei que teria de me tornar uma outra pessoa para cumprir esse novo papel.

Cerca de um mês antes de Brian ter sido chamado à nossa igreja, participei de uma conferência. Durante aquele fim de semana passei muito tempo em oração. Deus foi gracioso em dar-me paz quanto a tudo o que estava acontecendo. Ele gentilmente me lembrou de que não só ele estava no comando daquele lugar para onde iríamos e do que teríamos que fazer, mas que também ele já me havia equipado para aquele papel. Embora não parecesse, Deus já estava fazendo uma obra em mim, para me equipar a ser a esposa que o meu marido precisava.

O que não percebi naquele momento foi que eu estava focando apenas nos aspectos duros e difíceis da vida no ministério. Já tínhamos passado por algumas situações dolorosas na igreja onde estávamos, e eu estava assustada com o futuro, perguntando-me se iríamos reviver alguma dor semelhante na nova igreja. Eu não achava que conseguiria lidar com isso novamente. Tinha os meus olhos voltados de tal forma para dentro das dificuldades que me esqueci de todas as bênçãos que acompanham o papel de esposa de pastor.

Agora que já estou nesse papel há vários anos, vejo que a minha perspectiva mudou. De fato, vejo como tenho sido abençoada pelo trabalho que Deus fez em mim e através de mim. É bom saber que Deus tem me usado para ministrar a outros. É bom saber que algo que escrevi encorajou realmente a alguém. É uma bênção ver membros da igreja não só cuidando uns dos outros, mas também cuidando de mim, do meu marido, e dos nossos filhos. É uma bênção poder ver o corpo de Cristo funcionando como Deus planejou.

O ministério não é fácil. Deus também tem usado essa experiência para me podar e amadurecer, muitas vezes dolorosamente. Em certos momentos, não tive a certeza de que as portas da nossa igreja permaneceriam abertas para nós, enquanto enfrentávamos as lutas daqueles primeiros anos. Por vezes, parecia que Brian e eu estávamos sozinhos. No entanto, Deus foi um provedor gracioso para nós e trouxe paz e unidade à nossa igreja, após alguma poda dolorosa.

Sou grata por estar nesse papel, porque tenho visto Deus trabalhar de maneira maravilhosa, que em circunstâncias diferentes eu teria completamente ignorado. Assim, embora não conheçamos o futuro, podemos sempre confiar no plano bom e sábio de Deus para nós, para o nosso marido, família e igreja. A Deus seja a glória!

APÊNDICE 1
MINHA LUTA CONTRA A DEPRESSÃO

{CARA}

"Então, há quanto tempo você sofre de depressão?"

Quem dera eu pudesse responder a essa pergunta. A verdade é que não tenho certeza. Às vezes parece que foi por toda a vida. Quando criança, sempre me disseram que eu era melancólica, e essa descrição é verdadeira. Eu era uma criança muito tranquila. Tendia a sentar-me, a ouvir e a observar os outros; e ainda o faço. Contudo, por vezes tenho a tendência de deslizar para algum tipo de escuridão.

A minha primeira grande luta com a depressão ocorreu durante o primeiro ano da faculdade. Os meus pais eram divorciados desde quando eu tinha três anos de idade. Eu estava sentindo alguma pressão no meu relacionamento com o meu pai e não sabia bem como lidar com isso. Fiquei desanimada ao ver que não podia fazer da minha mãe e do meu pai pessoas felizes, não importa o que fizesse. Por isso, procurei ajuda através de aconselhamento. Não me lembro dos detalhes do tempo que o meu conselheiro e eu passamos juntos, mas sei que Deus usou esse tempo para me levar a um nível mais profundo de quebrantamento e de reconhecimento de minha grande dependência dele. Ao recordar o meu tempo na faculdade, posso ver claramente ocasiões em que Deus me acolheu de maneira muito real.

Depois me casei. O meu querido marido sabia que eu lutava com desânimo e por vezes sentia-me pra baixo, mas normalmente me recuperava rapidamente. Após estar por três anos em nossa igreja, vivi o meu maior combate com a depressão. O meu filho mais novo nasceu um mês antes do tempo, e passamos um ano com vários problemas de saúde com os nossos filhos, resultando em várias cirurgias e internação hospitalar. Mesmo esgotada ao ponto de exaustão, tentei cuidar de quatro crianças, do meu marido e da nossa igreja; fiz *homeschool* com nossos filhos e fui a milhares de consultas médicas. Fiquei sobrecarregada com a minha vida e me senti um fracasso em tudo o que fiz.

Não importava o que eu fizesse ou como mudava a minha agenda, simplesmente não conseguia dar conta de tudo. Após um ano de luta (sim, levei um ano inteiro para finalmente admitir que precisava de ajuda), cheguei a um ponto onde tinha de partilhar com o meu marido o que estava acontecendo. Eu estava deprimida, não só me sentindo pra baixo, mas depressiva. Eu estava em uma escuridão, onde parecia não haver esperança, felicidade ou alegria.

Voltei ao aconselhamento, só que desta vez o meu marido também foi. Ele tinha notado a minha luta, mas não sabia como me ajudar a lidar com ela. O aconselhamento foi muito útil. Vi o quanto eu tentava ganhar o favor de Deus. Eu luto com o perfeccionismo e fico frustrada comigo mesma, quando sou algo menos que perfeita. Tenho a tendência de dispensar os comentários de encorajamento do meu marido e de outros membros da igreja e de substituí-los por pensamentos de autocrítica, tais como: *Se eles conhecessem os pensamentos que eu tenho, ou se eles soubessem o tipo de pessoa que eu realmente sou, então eles não diriam essas coisas.* Eu estava preferindo acreditar em mentiras em vez de acreditar na verdade divina sobre quem eu sou em Deus e sobre como ele me vê como sua filha amada.

Após vários meses de aconselhamento, a escuridão se foi. Experimentei uma alegria que tinha perdido há meses. Experimentei a paz e um amor renovado por Deus e pela sua Palavra. Senti uma alegria em servir a nossa família e a nossa igreja, algo que eu não sentia há muito tempo. Encontrei a liberdade de não ter de agradar a mim mesma. Mas a batalha não terminou.

Por favor, compreendam que ainda vinham à minha mente pensamentos de que eu não era suficientemente boa ou que tinha falhado novamente. Contudo, também tinha a Palavra de Deus para me relembrar a verdade da minha liberdade em Cristo.

No entanto, a depressão é uma batalha que não desaparece. A depressão não é curada fácil e rapidamente. Embora possa sumir tão depressa como veio, também pode reaparecer tão rápido como desapareceu. E assim, mais uma vez me encontro envolvida pela depressão, de volta ao abismo da escuridão e do desespero.

Por que volto de novo a esse lugar? Não tenho certeza. Tenho lutado agora por mais de um ano, algumas vezes mais intensamente que outras, mas a escuridão nunca se dissipou completamente.

Tenho aprendido muitas lições com essa luta. Primeiro, que a depressão vem e vai, mesmo para os cristãos. Deus nos permite estar em escuridão durante um período, mas é sempre fiel para nos fazer sair dela. Ele está lá na escuridão, quer eu o sinta ou não. Ele não me abandona nesse lugar.

Em segundo lugar, preciso de outros que me ajudem na minha luta. Tenho algumas amigas muito próximas, que conhecem intimamente a minha luta contra a depressão. Quando visito esses lugares de depressão, essas queridas mulheres cristãs sabem que precisam ver como estou e lembrar-me das verdades de Deus.

Frequentemente, elas passam um bom tempo falando a mim a Palavra de Deus e me lembrando do cuidado dele por mim. Elas usam o tempo orando por mim e também comigo. São ajudantes inestimáveis na minha luta contra a depressão.

Em terceiro lugar, o meu marido me ama, apesar da minha luta com a depressão. Sinto-me às vezes tentada a temer que ele fique desapontado por ver a minha luta. Ainda fico surpresa, quando ele encontra alegria em cuidar de mim, em meio a tudo isso. Reconheço que a minha luta também é dura para ele. O seu cuidado por mim não vem sem grande sacrifício da parte dele. Ele é pró-ativo em buscar a ajuda e o aconselhamento de que preciso. Ele se preocupa cuidadosamente comigo e me encoraja, mesmo quando não acolho seu cuidado e encorajamento. Ele não desiste de mim.

Em quarto lugar, a minha médica de família tem sido inestimável na ajuda com minha luta. Com frequência, ela é uma das primeiras a reconhecer os sinais da minha depressão. Ela tem me assistido para garantir que não existam outras causas físicas, como fonte da minha depressão. Por exemplo, os resultados dos testes sanguíneos mostraram que eu tinha um nível muito baixo de vitamina B-12, sendo a depressão um efeito secundário dessa condição. O aumento dos meus níveis de B-12 não resolveu completamente os meus problemas de depressão, mas o tratamento dessa doença tem um papel importante no tratamento da depressão. Minha médica me encoraja também a perseverar. Ela tem me lembrado, muitas vezes, que não é incomum os pastores e as esposas de pastores lutarem com tais dificuldades, pois ela tem tratado de muitos deles. É inestimável o valor de se ter um(a) médico(a) com mentalidade semelhante à essa médica, para ajudá-la em suas lutas.

Em quinto lugar, e o mais importante de tudo, sou constantemente lembrada da minha completa e total dependência de Deus. É ele quem me sustenta nos tempos de depressão. Ele é o único que pode me fazer sair do poço. Não posso viver a vida cristã sozinha, à parte de Deus. Uma amiga salientou que a depressão é na realidade uma dádiva de Deus, porque nos deixa numa condição de humildade e quebrantamento, que não seriam alcançados de outra forma. É nessas ocasiões que Deus começa a curar profundamente as velhas feridas. Sem a depressão, eu nunca tomaria tempo para permitir que Deus entrasse em áreas dolorosas da minha vida. Sei que Deus não me deixará assim para sempre, mas se ele assim o desejar, também sei que ele me sustentará a cada dia. Deus é bom e fiel, mesmo nesses tempos difíceis.

A minha luta contra a depressão não é o resultado de ser esposa de pastor. Se o meu marido tivesse outra vocação, creio que eu ainda teria as mesmas lutas. No entanto, ser esposa de pastor (assim como ser pastor) intensifica essa luta. A natureza exaustiva do cuidado com a igreja, a tentação de carregar o fardo daqueles que sofrem, as exigências do nosso tempo e da nossa família, e a batalha espiritual que enfrentamos diariamente, tudo contribui para a exaustão e vulnerabilidade. Essa exaustão é intensificada à medida que tentamos fazer todas as coisas com as nossas próprias forças e sem Deus. Assim sendo, não é raro ver pastores e esposas de pastores lutando contra a depressão.

Portanto, deixem-me encorajá-las, caso estejam vivendo uma realidade semelhante a essa. Antes de mais nada, você não está sozinha. Muitos cristãos têm lutas muito reais com a depressão, ao longo de toda a história da humanidade. Você pode ser uma cristã – até mesmo uma cristã forte e madura – e estar deprimida.

A seguir, deixe-me encorajá-la a obter ajuda na sua batalha, que não pode ser ganha por si mesma. Essa batalha exige encorajamento, aconselhamento e oração, e por vezes tratamento médico. É preciso ter coragem o suficiente para se abrir e admitir o seu problema. Não se pode obter ajuda a não ser que se peça por ela. No entanto, a ironia da depressão é que por vezes somos incapazes de pedir ajuda. Por isso, se você conhece alguém que está deprimido, estenda a mão e ofereça ajuda.

As pessoas deprimidas não devem ser esquecidas. Mesmo que possam estar em silêncio, estão sofrendo, e muitas vezes sofrem sozinhas. Se você está passando por esse problema, encontre alguém em quem confiar. Fale com o seu cônjuge sobre isso e comece a compartilhar a sua dificuldade, em vez de ficar em silêncio. Temos de ser honestas sobre a nossa luta, mas precisamos que outros também nos perguntem sobre isso.

Finalmente, deixe-me encorajá-la, dizendo que Deus conhece as suas necessidades. Ele conhece a sua condição e lhe será fiel nesses momentos. A obra que Cristo fez na cruz nos proporciona perdão pelos nossos pecados e falhas, e nos dá a liberdade de caminhar com Deus e não perder o seu favor. A obra que Cristo realizou proporciona cura para a nossa alma. Você não está sozinha em sua luta. Não está sozinha na sua escuridão. Não está sozinha na sua dor. Deus é real, e o seu povo se importa com você. Deus a conduzirá através de qualquer luta com maior amor e dependência dele.

APÊNDICE 2
ANTES DE TORNAR-ME PASTOR

{BRIAN}

Os que aspiram a ser pastores são geralmente ansiosos para logo se tornarem pastores, e com razão. Devido a essa ansiedade, os que aspiram ao ministério pastoral geralmente sonham em poder servir nessa função algum dia, e não aproveitam algumas maneiras significativas de servir a sua esposa no momento – coisas que não poderão fazer depois, uma vez que se tornem pastores dedicados ao compromisso de pregações semanais.

Aqui estão algumas dessas maneiras:

1. Sente-se com a sua esposa na igreja sempre que tiver oportunidade. Se perguntarmos a uma esposa de pastor qual é o seu maior desejo, se eles não viajarem durante as férias, ela poderá dizer: "Eu quero sentar-me com o meu marido na igreja". Esse desejo é a razão pela qual *um pastor não deve pregar quando está de férias*. Se você não estiver pregando regularmente aos domingos, faça tudo o que estiver ao seu alcance para se sentar com a sua esposa. Virá um dia em que não mais poderá. Você e sua esposa se alegrarão por essa época da vida, quando fizeram disso uma prioridade.

2. *Fique em casa no domingo com crianças doentes.* Esse ato de serviço, da parte de qualquer homem, é uma forma maravilhosa de servir a esposa, quando os filhos são pequenos. De fato, um dos pastores em nossa igreja deixou bem evidente esse exemplo, em todo o tempo que esteve em nosso meio. Ele enviava a esposa à igreja e ficava em casa com os filhos doentes, para que ela pudesse ouvir a proclamação do evangelho. A minha mulher sempre fica em casa no domingo, quando nossos filhos adoecem. Eu sempre estou pregando, por isso tenho que estar na igreja. Se você não prega todos os dias, sirva agora a sua esposa. Ela ficará grata.

3. *Cuide dos filhos durante o culto.* Uma das áreas que minha esposa recebe menos minha atenção, na igreja, é no cuidado que dispensa sozinha aos nossos filhos durante o culto. A maioria dos maridos e esposas cuidam juntos dos filhos que se assentam com eles, mas para minha esposa isso não é possível. Ela faz isso sozinha, para que eu possa pregar. Ao sentar-se com sua esposa durante o culto, tome a iniciativa de corrigir problemas de comportamento e responder a qualquer pergunta irrelevante que os seus filhos façam no meio do sermão. Leve-os para fora do salão, se necessário. Chegará o dia em que a sua esposa estará só, sem os filhos para cuidar.

Aos que aspiram ser pastores, digo que fico contente por estarem ansiosos para mergulhar no ministério pastoral. E deveriam mesmo estar. É uma alegria servir o povo de Deus no ministério público semanal da Palavra. Contudo, não deixe que a sua ambição por esse serviço o faça perder algumas oportunidades simples, mas práticas, de amar e cuidar, agora, da sua esposa.

AGRADECIMENTOS

Brian e Cara agradecem...

- A todos os que gentilmente serviram, lendo este manuscrito e dando valiosas contribuições, nas várias fases do livro. Um agradecimento especial a Jason Adkins, que leu este manuscrito desde o início, fazendo assim grande parte do trabalho mais pesado.
- À família Anyabwiles, bem como àqueles que contribuíram com as Reflexões, obrigado pela amizade, parceria e valorosa contribuição para este livro.
- À Zondervan, pela disposição de parceria nesta obra. Somos gratos pela oportunidade de trabalharmos juntos.
- Aos vários pastores e esposas de pastores que pacientemente nos concederam de seu tempo, para buscarmos seus conselhos e nos beneficiarmos

da sua sabedoria. Vocês deixaram marcas em grande parte deste livro, e somos gratos por sua amizade e investimento em nós.

- À nossa congregação, Igreja Batista de Auburndale, a quem servimos durante a última década. Consideramos uma grande alegria conhecê-los e compartilhar nossa vida com vocês. Obrigado por seu espírito gracioso para conosco, enquanto aos tropeços aprendemos a amar e a cuidar de vocês. Obrigado por seu apoio e encorajamento a nós e nossos filhos.
- Às nossas famílias, que consistentemente têm apoiado a nós e ao ministério para o qual fomos chamados por Deus. Agradecemos por nos encorajarem, nas muitas lágrimas e provações, e por se alegrarem conosco pelas orações respondidas. Obrigado por orarem por nós e junto conosco. Agradecemos especialmente aos nossos filhos, que de bom grado e com abnegação liberaram tanto a mãe quanto o pai, para que pudéssemos trabalhar neste projeto. Obrigado pela paciência que tiveram, enquanto aprendemos a ser melhores pais para vocês, e por nos perdoarem nas vezes que falhamos. Somos gratos pela obra que Deus está realizando em cada um de vocês. Nós os amamos, como bênçãos de Deus a nós.

+ Ao único Deus vivo e nosso Salvador e Redentor, Jesus Cristo. Que Tu uses este livro para fortalecer os casamentos e as famílias dos pastores, até que, como Supremo Pastor, regresses para a tua noiva.

NOTAS

PREFÁCIO E INTRODUÇÃO

1. Samuel D. Proctor e Gardner C. Taylor, *We Have This Ministry: The Heart of the Pastor's Vocation* (Valley Forge, Pa.: Judson, 1996), 49–50.
2. Doreen Moore, *Good Christians Good Husbands? Leaving a Legacy in Marriage and Ministry* (Ross-shire, Scotland: Christian Focus, 2004), 32.
3. Ibid., 33.
4. Esta afirmação provém apenas de observações pessoais, tendo minha inteira formação em Igrejas Metodistas e aprendido o sistema Metodista de indicação de pastores.
5. Arnold Dallimore, *George Whitefield: Evangelista do Avivamento do Século 18*, Editora PES, 2005.
6. Ibid.
7. Ibid.
8. Moore, *Good Christians Good Husbands?* 10.

CAPÍTULO 1: O PROBLEMA

1. Dr. Richard J. Krejcir, "Statistics on Pastors: What Is Going On with the Pastors in America", www.intothyword.org/articles_view.asp?articleid=36562&columnid= (acessado em 15 de Janeiro de 2013).
2. Paul David Tripp, *Vocação Perigosa: Confrontando os Desafios Singulares do Chamado Pastoral*, Editora Cultura Cristã, 2012.
3. Pragmatismo é uma metodologia de realizar um ministério que foca em fazer o que parece funcionar, geralmente mesmo às custas de que não seja biblicamente fiel.
4. Citado em Krejcir, "Statistics on Pastors".
5. Este ensino bíblico sobre os efeitos do pecado no coração (Marcos 7) foi publicado primeiramente em meu livreto "Help, He's Struggling with Pornography" (Day One Publishing). É preciso que se reconheça que a expressão aqui é muito semelhante, mas neste contexto é dirigida mais especificamente ao coração do pastor.

CAPÍTULO 2: A SOLUÇÃO

1. O Evangelho é as Boas Novas de Jesus Cristo, no qual a sua vida perfeita, sua morte expiatória na cruz e sua ressurreição vitoriosa satisfizeram a ira de Deus sobre o pecado. Portanto, aquele que se

arrepende e crê em Jesus Cristo, pela fé somente, na sua pessoa e obra, é perdoado de todo o pecado, revestido com a justiça de Cristo, e eternamente adotado como filho de Deus.
2. Charles Ray, Mrs. C. H. Spurgeon (Pasadena, Tex.: Pilgrim, 2003), 53.
3. Ibid.-
4. Ibid.

CAPÍTULO 3: A LUTA

1. Meu favorito é o livro de Carolyn Mahaney: *As Sete Virtudes da Mulher Cristã – Como Ser Mãe e Esposa Feliz*, Editora Vida, 2012.

CAPÍTULO 4: CUIDANDO DE SUA ESPOSA

1. David B. Calhoun, *Princeton Seminary: The Majestic Testimony 1869–1929* (Carlisle, Pa.: Banner of Truth, 1996), 2:315–16.
2. Ibid., 316.
3. C. H. Spurgeon, Susannah Spurgeon, and W. J. Harrald, *C. H. Spurgeon's Autobiography*, vol. 3 (Pasadena, Tex.: Pilgrim, 1992), 183–84.

CAPITULO 6: PASTOREANDO JUNTOS

1. Charles H. Spurgeon, *Autobiography, Volume 1: The Early Years, 1834–1859* (Edinburgh: Banner

of Truth, 1962), 43–45; ver www.spurgeon.org/earlyimp.htm (acessado em 18 de Janeiro de 2013).
2. Douglas F. Kelly, "Family Worship: Biblical, Reformed, and Viable for Today", in Worship in the Presence of God, ed. Frank J. Smith and David C. Lachman (Greenville, S.C.: Greenville Seminary Press, 1992), 112.
3. Martin Luther, Luther's Works, Volume 4: Lectures on Genesis: Chapters 21-25, ed. Jaroslav Pelikan (Saint Louis, Mo.: Concordia, 1964), 384.
4. Esse é um dos motivos de fornecermos aos membros da nossa igreja a passagem que formará o texto do sermão do próximo domingo. Queremos que eles preparem a si mesmos e aos seus familiares para a próxima reunião pública da igreja.
5. George Marsden, A Breve Vida de Jonathan Edwards, Editora Fiel, 2016.

CAPÍTULO 7: PASTOREANDO COM EXPECTATIVAS

1. Doreen Moore, Good Christians Good Husbands? Leaving a Legacy in Marriage and Ministry (Ross-shire, Scotland: Christian Focus, 2004), 136.
2. Citado em "Biographies: William (Billy) F. Graham", Billy Graham Evangelistic Association, www.billygraham.org/biographies_show.asp?p=1&d=1 (acessado em 18 de Janeiro de 2013).

3. Billy Graham, *Uma Autobiografia*, Editora United Press, 1ª edição (Janeiro de 2000).
4. *Ibid.*

CONCLUSÃO

1. Michael A. G. Haykin, *Palavras de Amor*, Editora Fiel, 2016.
2. *Ibid.*
3. Iain Murray, *D. Martyn Lloyd-Jones: The Fight of Faith: 1939–1981*(Edinburgh: Banner of Truth, 1990), 763.
4. J. I. Packer, *A Grief Sanctified: Through Sorrow to Eternal Hope* (Wheaton, Ill.: Crossway, 2002), 12.
5. *Ibid.*, 37.

FIEL
MINISTÉRIO

O Ministério Fiel visa apoiar a igreja de Deus, fornecendo conteúdo fiel às Escrituras através de conferências, cursos teológicos, literatura, ministério Adote um Pastor e conteúdo online gratuito.

Disponibilizamos em nosso site centenas de recursos, como vídeos de pregações e conferências, artigos, e-books, audiolivros, blog e muito mais. Lá também é possível assinar nosso informativo e se tornar parte da comunidade Fiel, recebendo acesso a esses e outros materiais, além de promoções exclusivas.

Visite nosso site

www.ministeriofiel.com.br

LEIA TAMBÉM

O Ministério do PASTOR

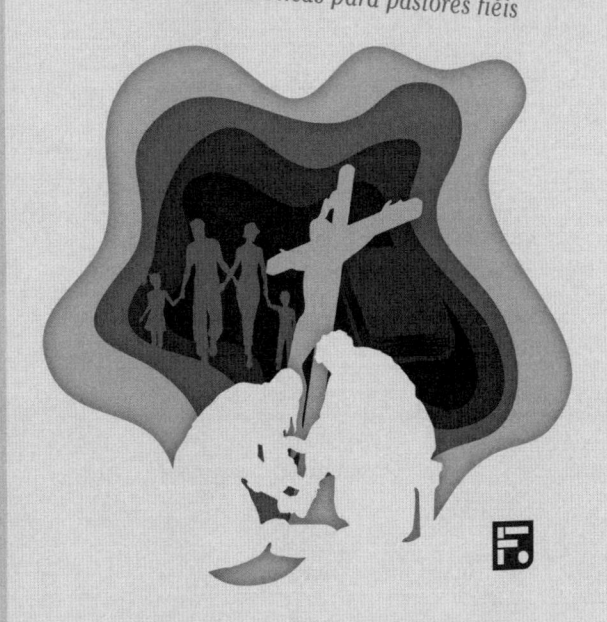

Prioridades bíblicas para pastores fiéis

BRIAN CROFT

Esta obra foi composta em AJenson Pro Regular 13.5, e impressa
na Promove Artes Gráficas sobre o papel Apergaminhado 75g/m²,
para Editora Fiel, em Julho de 2023.